U0114330

博客思出版社

青春

在山水之間 精彩。

潘明宏 著

潘樵 / 文史與生態作家

推薦序 ✕ 青春 在山水之間精彩

記得孩子還很小的時候，有朋友到家裡來作客，看見滿屋子的藝術創作和收藏品，其中還有不少是易碎的陶瓷，便曾經問過我：「你不怕你家的孩子弄壞你的東西嗎？」我當時很肯定地回答對方：「不會」。其實，朋友的擔心我頗能理解，因為有一些同樣從事藝術創作的朋友，對於訪客中有小朋友這件事是十分在意的，因為活潑好動的孩子總是很難管控，稍不留意就會造成作品損壞的意外，因此不少朋友都為此深感困擾。

其實，每一位父母都是在有了孩子之後，才開始學習如何當父母，因此在這樣的過程中，心裡難免會有些擔心，擔心自己做得不夠好，擔心給孩子的不夠多，所以不斷的適應和修正便成了為人父母的必要功課。不過有一個觀念是我始終堅信的，那就是你給孩子甚麼樣的環境，孩子日後就會長成那種環境的樣子，以榕樹為例，如果你將一株榕樹小苗種在空地裡，有一天它是會長成大樹的，如果是種在陶盆裡便只能成為小盆栽，所以同樣的樹種，因為種的地方不一樣，後來的發展自然會有所不同。所以，我的一對兒女，從小就在擺滿藝術作品的環境中長大，他們都知道那些東西不是玩具，是不能搗蛋破壞的，因此我從來就不擔心孩子會弄壞我的東西，甚至我後來還發現，孩子們也喜歡塗鴉，對於藝術也多少有了些興趣。

民國 92 年，因為機緣的使然，我開始投入生態的觀察和書寫，而

當時，孩子們正值國小階段，對於許多事物都充滿著好奇，並且展現出旺盛的學習欲望，因此只要有機會，我便會帶著他們一起上山下海，在台灣島上進行不同主題的生態探險，因此我們曾經在南橫的栗松溫泉攀岩垂降、強渡山溪。也曾經在曾文水庫旁的森林中，為了尋找巴氏小雨蛙而與無數的蛇類相遇。更曾經在吃足苦頭之後，在屏東出風鼻的岬崖上因為眺望太平洋的壯闊而高呼。至於其他的挑戰，包括爬樹、浮潛、鑽洞、溯溪、登山等經歷，那就更是不勝枚舉了。

之後，我陸陸續續地完成台灣的青蛙、殼斗科樹木及牽牛花等不同主題的書寫和出版，而在每一本書中都有孩子們的身影，因為妻子和兩個孩子一直是陪我尋訪台灣生態的主要人物，也是支持我繼續前進的最大力量。即便後來孩子們慢慢地長大，我們這種全家出遊、四處探訪的行為也沒有改變，因此，假日如果我們不在家，那大概就是在台灣的某個角落遊山玩水，或者是在往返的途中。

後來，兒子就讀台中高農（今稱興大附農）園藝科，接著考上屏科大森林系，這時朋友不禁又問我：「你兒子讀森林系是不是受你影響啊？」而這時我其實是不太確定的，也許是聯考的分數落點使然，也或許是他自己真的喜歡，於是我只好笑著回答：「或許吧」不過我後來可以肯定的是，兒子對於就讀森林系並不排斥也不後悔，即使後來因為學業上的要求，必須常常到野外進行調查而跋山涉水也不以為苦，於是很快地，大學四年眼看就要結束了。

而在屏科大這段期間，因為森林系課業的安排需要，也因為他認識了一些同樣喜歡探險的同學，加上女朋友的父母也都喜歡爬山，所以造訪山水便成了兒子大學生活中的一部分，於是他經常會跟我們分享一些在山水之間的故事，其中有一些地方甚至連我都沒去過，

因此令我心生羨慕，所以我便給兒子一些建議，建議他可以試著將爬山探水的經過寫下來，以便日後可以跟更多人分享，甚至為自己留下美好的回憶。沒想到，兒子有把我的話當作是一回事，不久便傳了幾篇作品給我看看，內容竟然文字生動、過程精彩，讓我感到十分驚喜，於是為了鼓勵他繼續書寫，我答應會幫他集結出書，就在畢業之前，算是給他一份特別的畢業禮物吧。

而這時，我又想起了那則種植榕樹的例子，給孩子甚麼樣的環境，孩子就會長成那種環境的樣子；也許之前常常帶著孩子們到處探險的過程，產失了一種潛移默化的效果，讓兒子也樂於親山近水，甚至還能藉由文字來進行書寫和記錄。因此為了幫他撰寫這篇序文，我再一次翻閱兒子這些關於山山水水的作品，於是在文字之間，我彷彿也跟著他的腳步在台灣的山水之間歡然神遊，讓人羨慕到不要不要的。

所以，在高興之餘我其實也有幾分的吃醋，因為兒子的青春在山水之間精彩著，而我卻在中年之時才有機會縱情台灣的生態，因此，我相信《青春，在山水之間精彩》這本書的完成只是一個開始，未來，在台灣諸多山水的滋潤之下，兒子的人生必然會有更多的精彩和燦爛。

吳言／文化與媒體工作者

推薦序 ✕

拋開舒適 勇於挑戰

與潘樵相識已久，很年輕的時候，我們一群朋友一起寫詩、寫散文，而且還懷抱過許多的文學夢想，但是後來，面對生活的現實與諸多的磨練，大家都被迫從夢中清醒過來，於是那時候的夢想始終還只是一場夢而已，最終並沒能成為事實。

但是潘樵顯然跟我們不一樣，數十年來，他始終在書寫的這條路上堅持不輟、持續邁進，出版了無數的作品，讓我們好生佩服，因此相較之下，我們除了感到慚愧之外，更多的應該是羨慕吧，羨慕他的認真與成就，如今更羨慕他已經有子傳承。

潘明宏是潘樵的小兒子，目前是屏東科技大學森林系的應屆畢業生，從小就跟著父親在台灣島上四處旅行探險，在如此耳濡目染的情況下，對於台灣的自然生態與人文歷史自然多了一些興趣和熟悉，於是在家人的鼓勵之下，他將大學四年在山林間的所見所聞轉化為文字，並完成《青春，在山水之間精彩》這本書，讓人印象深刻。

時下的社會，對於若干年輕人總習慣以一些負面的形容詞來稱呼，包括「草莓族」「水蜜桃族」及「啃老族」等等，用以凸顯少數年輕人的怠惰不負責與抗壓性不足，於是為了要解決這樣的社會問題，遂有專家建議年輕人應該要離開舒適圈，要勇敢追求自己的夢想，但是用說的很簡單，真要離開原本舒適的環境，那

是談何容易啊。

　　因此，翻閱潘明宏《青春，在山水之間精彩》這本書的文稿，我才訝然明白，原來就讀森林系一點也不輕鬆啊，甚至是相當的辛苦與危險，同學們為了課業上的需要，經常要在山林裡進行調查記錄，於是無可避免地要面對許許多多的挑戰，譬如毒蛇、虎頭蜂和螞蝗的威脅，還有酷熱或是嚴寒的氣候，以及險峻的地勢與體力的透支等等，因此森林系的學生根本不必專家的建議，離開舒適圈早已經是同學們必修的一門學分。

　　其實，專家們為了鼓勵年輕人，曾經列舉了許多離開舒適圈的優點，包括迅速成長、愛上挑戰、不再恐懼、提升自信與關懷別人等等，因此一時之間，我不禁也有點羨慕森林系的同學們，然而隨著年歲漸增、體力漸衰，我早已過了可以「拋開舒適，勇於挑戰」的階段，因此在《青春，在山水之間精彩》這本書的字裏行間，我除了看見一位年輕人在山水之間的奮戰過程與無比勇氣之外，其實也看見了自己已經不再年輕的失落心情，哈哈哈。

　　因此，我不但羨慕而且還十分佩服呢，年紀輕輕的潘明宏能夠承受攀登山林、探訪溪瀑的痛苦與艱難，而且更難能可貴的是，他還能夠將沿途的風景與自己的心情寫成一篇一篇精彩的文字，而且每一次的出訪過程都讓人感到驚奇讚嘆，譬如「一日單攻北大武」，半夜 2 點就去爬山，而且一日來回要 14 個小時，那絕對要有無比的勇氣與體力才能做到啊。又另外，在瑞穗林道深處的玉里野生動物保護區，為了植群調查的計畫，潘明宏與老師、同學 2 次造訪，期間甚至還遇上大雪，於是在冰天雪地裡進行調查工作，那是多麼不可思議的一種際遇啊，因此翻閱《青春，在山水之間精彩》這本書，我的心情隨著文字起起伏伏，那是一種

高潮不斷的驚喜閱讀啊。

　　因此,我深深地為好友潘樵感到高興,因為我在潘明宏的文字間看到一種傳承,甚至是一種「青出於藍而勝於藍」的可能,畢竟潘明宏還年輕,他的未來充滿著各種希望及發展,只要他繼續秉持著現在這種拋開舒適、勇於挑戰的態度,我們有理由相信,《青春,在山水之間精彩》這本書的出版其實只是一個開始,一個持續發光發熱的開始。

　　台灣是美麗的福爾摩沙之島,島上山林豐富、生態多樣,不但提供學界取之不竭的研究題材,也為台灣的氣候、環境、產業及觀光等領域做出重大的貢獻,更成為許多文藝愛好者創作的素材和靈感來源,但是與其他的創作內容相比較,台灣的山林文學其實還有很大的進步空間,畢竟這樣的創作模式,作者無法只是端坐案前、透過想像,他必須親自走進山水之間,然後佐以汗水、疲憊甚至是危險才能完成,所以潘明宏《青春,在山水之間精彩》這本書,無疑為台灣的山林文學注入一股新鮮的活力,因此令人高度期待。

王志強／國立屏東科技大學森林系副教授

推薦序 X

悠遊山水間

仁者樂山、智者樂水

這本《青春，在山水之間精彩》，是明宏將個人幾年來上山的紀錄及心得呈現的著作，詳實的寫下了行進間的點滴及心情的寫照。

登山，是一件辛苦的事，也是一件快樂的事，身為森林人的一份子，我總是鼓勵青年學子踏入山林，山川雨露的滋潤，可以成就身心的堅毅和強韌；花草萬物，培養溫柔敦厚的情感！

明宏有幸得父母、家庭環境的薰陶，悠遊於山林間，大學期間，探訪台灣各地山林！相信有著人生過程中重要的啟發！這本著作和紀錄，值得您仔細品味。

作者序 X　最珍貴的畢業禮物

從小對於父親就有幾分的敬畏，尊敬的部分，除了他是生我、養我的父親之外，更是有如老師一般，隨時隨地教導我，並不時叮嚀、督促，讓我不斷的精進成長，同時也常常帶著我到處遊山玩水增廣見聞。至於畏懼的原因，那是因為他對我的要求很高，所以小時候常常會因為做錯事而被父親處罰，譬如就讀國小時，因為不喜歡吃麵包，所以常常會把早餐吃剩的麵包塞在車上的某個縫隙，等到幾天之後因為異味散出而被父親發現，當然換來的便是他嚴厲的教訓和修理，而當時，被父親叫去面壁思過的我，心裡曾經嘀咕著：「只是麵包沒吃完嘛，大人真是一點度量都沒有。」因此對於父親的嚴格管教其實是不太諒解的，然而隨著年紀增長，我才慢慢地體會到「愛之深，責之切」這句話，儘管當時偷塞麵包的事情，現在早已成為家人在閒聊時的一則趣談，但是事後回想起來，父親當時只是不希望我一錯再錯罷了。

國中時，親愛的外公離開了我們，當時我讀的是住宿學校，必須使用電話卡才能打電話回家，那時候，母親常常叮嚀我，有空也要打電話給外公、外婆，因為我跟姐姐，小時候是外公、外婆幫忙帶大的，但是我卻常常偷懶，直到外公生病住院我才驚覺，就算我打了電話，外公也接不到。之後，有一回去醫院探視外公，原本想跟外公說「我愛您」來逗他歡心，但是卻因為害羞而欲言又止，只是沒想到，過沒多久外公就過世了，因此那句「我愛您」

再也沒有辦法說出口。

　　因此，外公離開之後我便在心裡暗下決定，除非是到山裡手機收不到訊號，或者是學校舉辦活動拖得太晚，要不然，每天晚上一定都要打電話回家，就算沒有什麼事，聽聽父母的嘮叨與叮嚀，也會覺得幸福與滿足。因此，自從答應父親要開始書寫爬山探水的文章之後，每天打電話回家就會聽到這樣的問話：「今天有沒有寫文章啊？要認真喔。」要不然就是換個方式說：「不要浪費時間，有空就多寫點文章。」因此，在大學階段儘管在家的日子甚少，但是在他每天遠距離的鞭策之下，文章的數量還是慢慢地累積著，儘管有很多地方還不夠完美，但是《青春，在山水之間精彩》這本書能夠完成，最應該要感謝的人就是父親。

　　其實，一開始對於爬山我並沒有太高的興趣，雖然小時候母親常常會利用假日帶我們到埔里的虎頭山去運動，但是懶惰的我總是心生反對，總覺得爬山是一項累人的運動，不如待在家看電視或是去打籃球還比較實在。但是有一次跟同樣住在埔里的同學聊天，我才訝然發現，對方竟然從來沒有去過虎頭山，甚至很多父親常常帶我們去野餐、遊玩的地點，同學也從沒聽過，這時我才驚然明白，原來我跟同年齡的孩子比起來，我的經歷竟是如此的豐富，那是多麼獨特又難得的成長過程。

　　之後，因為父親多次以不同的生態為主題，在台灣島上進行尋訪和書寫，於是我們也跟著他的腳步一起出遊，即使升上了大學，我們也常常有機會可以全家一起出去旅行，加上我後來選讀的是森林系，所在山林裡走跳的機率也增加許多，因此，除了利用相機來留下影像記錄之外，我在父親的建議下，也試著藉由文字將這些特殊的經歷，甚至是到處探險的過程寫下來，為自己的大學

生涯留下精彩的見證。

　　於是從學校附近的中級山開始，接著是嘉明湖、北大武、南湖大山等等，甚至是許多人跡罕至的秘境，當然也包括跟家人在故鄉南投的遊訪，於是一路走來，連我自己都沒想到能夠走過那麼多的地方，雖然過程不見得輕鬆愉快，有的甚至要吃足苦頭、歷經艱難，但是每每在山水之間遇見絕美的風景，就會覺得所有的辛苦都有了代價，而那份感動與滿足，應該也是每個喜歡爬山的朋友共同的感受吧。

　　當然，我之所以能夠在山水之間盡情地遨遊，背後是有一些同學和朋友的鼓勵和幫忙，因為光靠我一個人是做不到的，而這些陪著我跋山涉水的夥伴，包括阿德、偉祥及宗民等等，另外，還有北大武及南湖大山這種更高難度的挑戰，如果沒有女朋友的父母親的帶領和安排，就算我空有理想也難以獨自完成，當然最重要的，是有一個始終陪著我上山下海、說走就走的女朋友－心庭，有了她在我身旁，就像似有了一座厚實的靠山一樣，讓我得以放心的繼續冒險下去。

　　最後，我還要再一次謝謝父親的鞭策及幫忙，讓《青春，在山水之間精彩》這本書能夠在我大學畢業之前問世發行，這無疑是我最珍貴的畢業禮物了。

目 錄

I　　推薦序✕　青春，在山水之間精彩　　潘樵

IV　　推薦序✕　拋開舒適，勇於挑戰　　吳言

VII　　推薦序✕　悠遊山水間　　王志強

VIII　　作者序✕　最珍貴的畢業禮物　　潘明宏

1　　秘境，出風鼻

8　　無敵展望，里龍山

14　　意外之旅，日湯真山

20　　卑南聖山，都蘭山

27　　屏東最大瀑布，卡悠峰

33　　山風瀑布，瓦拉米

40　　鹿林神木與麟趾山

46　　紅香部落，帖比倫

52　　從坪瀨到水濂洞

58　　楓葉，瀑布，奧萬大

65　　鳳凰谷鳥園尋瀑行

71　　吃足苦頭，波津加山

77　　山友歡聚，東卯山

83　　刺果，險稜，白毛山

91　　一日單攻北大武

102　　初訪玉里野生動物保護區

115　　再訪玉里野生動物保護區

128　　幸運，感動，嘉明湖

144　　南湖大山朝聖之旅

秘境 出風鼻

由出風鼻大草原眺望伸向太平洋的岬角。

▲看見許多漁民的機車就停在臨海小路的盡頭。

　　出風鼻位於屏東縣滿州鄉，是一個鮮為人知的神秘海岬，不但擁有美麗的草原湖泊，更有一段比阿朗壹古道更加原始自然的海岸線，因此，如果阿朗壹是台灣東南角的秘境，那麼出風鼻無疑是秘境中的秘境。

　　還記得在國小的時候，父親為了尋找殼斗科的樹木而奔波全台，而當時，由於出風鼻一旁的出風山，是殼斗科台灣石櫟在台灣唯一的棲息地，因此曾經跟著父親造訪過，雖然整個過程隨著時間的流逝而逐漸模糊，但是那次爬上出風鼻大草原的頂端所眺望下方太平洋的壯闊畫面，仍然清晰地烙印在我的腦海中。儘管第一次造訪出風鼻的當下是身心俱疲，但是可能是景色太美，也可能是意猶未竟吧，我當時便在心裡暗暗立下一個目標，那就是總有一天我還要再來出風鼻一趟。

　　終於，在就讀屏科大的期間，邀了幾位同學打算再訪出風鼻。那是一個寒流來襲、冷風列列的假日，天還沒亮，我們穿上了厚重的

▲海岸邊處處奇岩怪石，其中有一隻很像馬的岩礁。

羽絨大衣，騎著心愛的機車，也帶著滿腔的熱血，並且在黑夜強風中，循著不太清晰的記憶往出風鼻的方向出發。

　　天色逐漸轉亮，我們原本是計畫要先到東部海岸欣賞日出的，但是卻被突如其來的大雨給淋成了落湯雞，因此接下來，陪伴我們持續問路、找路的竟是沮喪不已的心情，於是一時之間，出風鼻顯得遙不可及而想要放棄，但是後來，或許是幸運女神看我們可憐吧，在幾次的迷路之後，我們總算找到了前往出風鼻的臨海入口處。

　　當時，儘管滿腔熱血盡被大雨給澆熄，儘管身上穿著雨衣仍然全身濕冷，加上每個人的臉上疲態百出，還沒開始徒走攀岩，身心就已經受到極大的折磨；幸好，就在我們停妥機車，揹起背包準備要出發時，太陽從遠遠的雲層間浮現，讓我們出師不利的出風鼻之旅得以繼續下去。

　　還記得上一回，父親帶著我們來到入口處的海防崗哨時，被一位全副武裝的軍人攔下，對方還斂容屏氣的詢問著我們去那裡的目的，

▲歷盡千辛萬苦,終於看到出風鼻就在不遠處。

　　當時年紀還小,對於當下的景象可是嚇得趕緊躲到父親的身後,畢竟那是我第一次看到持槍的軍人,如今景物依舊,但是當初戒備森嚴的海防崗哨已經撤站,只剩下幾隻流浪狗從裏頭跑出來迎接我們。

　　通過崗哨之後,臨海的道路還算清晰,加上當地的居民常常會騎著機車到海邊去捕魚,因此可以清楚的看到泥地上還印有新鮮的胎痕,但是走了大約五分鐘之後,便到了道路的盡頭,果不其然,路旁停著數台野狼機車,不遠處的岩礁上還有幾位早起的漁民正在甩竿釣魚。而接下來,擺在我們眼前的是滿佈奇岩怪石的海岸,是我們另一個挑戰的開始,至於我們的目的地－出風鼻,還在視線仍然看不到的遠方。

　　就這樣,我們在高低起伏的岩礁上或攀或爬、或走或跳,一路挺進,右邊是一望無際的太平洋,而左側則是平緩的小山,而腳底下的岩礁受到海浪與風雨的沖蝕侵襲,呈現出千奇百怪的面目,一開始還覺得挺有趣的,於是不斷的拿起手中的相機來取景拍照,畢竟

▲擱淺在岸邊早已生鏽的船板。

很少有機會可以碰到這種鬼斧神工的景象，但是當我們走了許久之後才慢慢地瞭解，儘管四周都是大自然的奇特作品，但是大同小異的景色加上漫長的路途，開始讓人感到心浮氣躁，甚至有種鬼打牆的感覺，無論再怎麼加快腳步也好像無濟於事，就算已經可以看到出風鼻就在不遠處，但是卻好像怎麼走也走不到似的，儘管我們是在冬天造訪當地，但是不久前盼望許久的陽光，這時卻炙熱得叫人痛苦難耐。

在無止盡的海岸線上走了將近 2 個小時，我們總算抵達了出風鼻的下方，但從該處開始，由於地形突出，海岸線變得更加險峻難行，因此我們必須高遶才能夠順利地爬上出風鼻大草原。但是望著眼前幾乎垂直的山壁，我們不禁仰天長嘆：「都已經走到這裡了，老天爺到底還要考驗我們多久啊？」

休息是為了走更長遠的路，接下來，同學們各自找了陰涼的地方躲避炎熱的太陽，於是停下腳步之後，我們才發現海岸邊有許多外

觀像青蛙的浮球，甚至還有許多生鏽的船殼殘骸，原來！那是 20 年前有一艘重達 2 萬 8 千噸的貨輪擱淺在出風鼻附近，在經歷了幾次的颱風之後被推上岸來，20 年來那艘廢棄的船骸受到風浪拍打以及日曬雨淋，早已變得脆弱不堪，原本堅硬的鐵板只要用點力就會斷成兩截。

　　休息夠了，我們隨即爬上接近垂直的山壁，然後小心翼翼的走在之字形的小徑上，其實那根本不是路，是山羊或是村民所勉強踩踏出來的隱約路痕，有些地方還必須手腳並用才能持續往上，但是沿途長滿了會刺人的林投樹，稍不小心就會被刺痛，進而髒話不斷地罵出口，但是儘管如此，在沒有任何可供攀附的山壁上，我們也只能依靠林投樹了，因此為了能爬上出風鼻大草原，我們在那處山壁上吃足了苦頭。終於，我們通過了那段考驗，順利地登上了山頂；佇立在大草原上，眼前是一望無際的太平洋，那壯觀浩瀚的景象瞬間撫平了每個人既緊張又痛苦的心情，於是面向大海高呼吶喊，彷彿要將一路的辛苦全部都發洩出來一樣。

　　出風鼻前端那處渾圓的山坡，和記憶中的樣子相差不多，多年不見，並沒有太多的變化，於是大家就在那裏一邊看海，一邊將各自帶來的食物拿出來補補體力，也趁機拍了不少張相片，畢竟下一次再來到出風鼻的機會應該不高，除非是有人想不開，要不然就是很快的忘記這次所經歷的痛苦，所以無論如何，都要好好的將出風鼻的美麗記錄下來。

　　海邊的天氣瞬息萬變，有陽光的時間沒有持續很久，眼看前方的海面似乎又要下起大雨，「山雨欲來風滿樓」這句話，此時應該改成「海雨欲來風滿山」吧。很快的，置身在山頭上的我們已經可以感受到強勁的風勢，於是只好趕緊收拾東西，像逃難一般，再一次進入那處山壁上的林投煉獄，但是就在我們下達海岸邊時，太陽竟然又從雲層中探出頭來，彷彿是在戲弄我們一樣，儘管美麗壯闊的出風鼻就在上頭，但是大家的體力早已耗盡，誰也不想再上去一次了。

　　接下來，我們又經歷了一次礁岩地形的磨練以及陽光的摧殘，才

　　拖著一身的狼狽回到海防哨站，於是當我們望見停在哨站前方的心愛機車時，不禁有種鬆了一口氣的舒坦，就像是從噩夢中甦醒過來一樣，而這時，大家才驚覺肚子早已餓的咕咕直響，於是儘管疲憊，大家還是打起精神回到滿州鎮上吃牛肉麵，雖然美食當前，但是同學們可能真的太累了，大家的眼睛都小了一號，似乎就快要睡著似的。

　　謝謝那些同學，陪我再一次探訪出風鼻，雖然過程令人痛苦，但是事後回想起來，依舊讓人覺得美好而且難忘，但是我心裡十分清楚，有了這樣的經歷之後，大家應該不會再有探訪出風鼻的念頭了，因此美好的回憶就讓它留在照片裡，日後再來慢慢的品嚐和回味吧。

無敵展望　里龍山

三角點旁的巨石，供人欣賞風景和休息。

▲登上里龍山的山頂，可以看見遠處的北大武山。

　　大學在屏東就讀，加上讀的是森林系，所以從一開始就對周遭的山林有著高度的興趣，班上也有不少同學非常喜歡爬山，因此大家常常趁著假日到附近的山林去走走，有的抓蟲，有的尋樹，有的則喜愛欣賞美景，各有所好，除了學校後方有名的北大武山、笠頂山等名山之外，也常常聽到在恆春半島有一座里龍山，海拔高度 1069公尺，是恆春半島的最高峰，山頂上有一顆一等三角點，展望極佳，因此吸引許多山友慕名前往。

　　另外，里龍山的生態也相當豐富，當地還有一種叫做「台灣穗花杉」的植物，被農委會列為台灣五種珍貴稀有植物之一，加上系上剛好有位學長打算前去調查，於是我們幾個同學便組了一團臨時登山隊，趁著周休假日跟著學長一同前往。據說，攀登里龍山有個淺規則，若是想要有良好的展望，就必須越早出發越好，趁著雲霧尚未覆蓋山頂的時候攻上頭，才能俯瞰恆春半島絕美的景色；所以天還沒亮，我們幾台機車就從學校出發，跟著經驗老到的學長到達里

▲從山頂上眺望恆春半島的景色。

龍山的竹坑登山口。

　　抵達登山口時，天色才剛剛亮，我們將裝備帶齊後，便沿著一旁的溪流開始前進。攀登里龍山有兩個選擇，其一是沿著溪流前進的水路，也就是竹坑登山口；另一則是在山林裡面的陸路，以龍峰寺為起點。學長跟我們說，水路比較陡但是路程比較短，不過一開始平坦的路況，讓我以為當天會是一個輕鬆悠閒的登山行程，殊不知走沒多久，山路便急轉陡上，快得讓人措手不及，還穿著外套的我們一下子就汗流浹背，幸好一旁有冰涼的溪水可以解解熱氣，讓人免於中暑。

　　途中，除了要不斷的跨越溪溝，還有幾處岩壁需要四肢並用才能安全通過，增添了幾分的難度，幸好臨時登山隊的成員相當團結，大家互相協助，陸續地通過幾個危險的路段。從登山口開始，大約走了 2 個小時之後，我們來到了水路與陸路的交會點，那是一大塊的平坦地，在那裡有設置許多的涼亭供山友休息，但是一路上走來

▲全長 3.85 公里的步道，走起來相當累人。

並沒有遇到任何人，因此第一次造訪里龍山的我，心裡不禁疑惑著？那裡真的會有那麼多人來爬山嗎？

休息片刻，我們享受短暫的蟲鳴鳥叫之後，隨即把食物及比較重的裝備留在涼亭裡，準備以輕裝來迎接聽說會更加艱難的最後一段山路，果不其然，離開休息區之後，由於環境更加潮濕，崎嶇的路面大多是泥沼地，走起來格外的吃力，而且隨著海拔的上升，步道也跟著陡峭了起來，儘管肩膀上的負重已經少了許多，但是腳步卻顯得沉重，距離山頂的三角點才短短的 1.35 公里，然而卻好像怎麼走也走不到似的，幸好有同行夥伴彼此的加油打氣，讓我們得以繼續前進。

於是就這樣，我們在陰暗且潮濕的森林裡走了好久，也走的好辛苦，因此每當看到山路的前方有光線透出，心裡就跟著開心一下，以為山頂就要到了，可惜一直落空，直到遠處出現了一顆大石頭，不經意地翻過石頭之後，才發現眼前的視野大開、朝陽正灑在一處平台上，原來是三角點到了。登頂時，我們的運氣極佳，因為眼前一片雲霧也沒有，就連去過好幾次的學長也顯得興奮異常，因為那是他第一次在里龍山看到出大景呢。所以不管是從哪一個角度，都可以將山下的景物看得一清二楚，往南邊的恆春半島，可以看到台26 線穿梭在海岸邊，往北則可以看到牡丹水庫和北大武山，以及不斷延伸過來的山脈。

雖然里龍山的高度不高，但是卻擁有大山的氣勢跟視野，所以一路的辛苦也就值回票價了，因此登頂之後，我們就坐在石頭上休息聊天，同時瀏覽四周迷人的風景，如今回想起來，里龍山山頭美麗

▲走過單索吊橋，表示途中的休息區快到了。

的畫面仍然記憶猶新呢，所以當時，我們在山頂逗留很久，直到山底下的雲霧逐漸飄了上來，才驚覺時間已經接近中午了，眼前的美景漸漸的被雲霧給覆蓋，加上冷風陣陣襲來，彷彿是在催促我們離開一樣，於是大夥趕緊將物品收拾完畢，才懷著依依不捨的心情下山。

在離開三角點之後，山林間隱約可以聽見人們喧嚷的聲音，而且離休息區越近，聲音明顯越大，看來其他的山友已經陸續抵達了，只是我萬萬沒有想到，當我們回到休息區時，那裡早已經擠滿了人群，而且大多是父母帶著小孩來爬山，也因此，整個空間呈現出歡樂的氣氛來，幸好我們有先佔了位置，而且在邊邊角角的地方還有空地可以讓我們煮飯，才不至於挨餓。

後來我才知道，原來造訪里龍山的山友大多沒有要去三角點，純粹只是前來爬山，同時享受當地山林的原始與自然，當然也要吃著自己努力揹上來的食物，才算不虛此行。

在熱鬧與喧嘩中，我們用完午餐，隨即循著來時的水路下山，結束了與里龍山的第一次邂逅。之後，可能是因為里龍山的景色令人懷念著迷，所以又來了幾次，但是很可惜，在山頭上再也沒有遇見那無敵展望的美景，因此只好期待下一次了。

意外之旅　日湯真山

北大武新登山口儘管道路狹小，但是假日仍有許多人車造訪。

　　日湯真山是屏東縣內有名的中級山，與一旁的真笠山、笠頂山、鱈葉根山合稱大武山西稜，是一條相當經典的縱走路線，先前除了日湯真山還沒有造訪過，其他的山頭倒是走過多次，但是後來卻因為機緣的使然，讓我也踏上了日湯真山的山頭。那一回，是因為學校課業調查的需要，必須前往北大武山，但是當我們抵達檢查哨時才知道，原來是要事先申請入山證的，否則無法進入，於是在失望之餘，熱心的志工建議我們可以去一旁的日湯真山走走，因而促成了那次日湯真山的探訪。

　　受到之前莫拉克颱風的影響，原本可以驅車直達的北大武舊登山口，如今只能徒步才能到達，而當地除了是通往北大武的入口，也可以通往舊筏灣以及日湯真山。舊筏灣為原住民排灣族及魯凱族的發源地，裡頭有許多令人嚮往的美麗瀑布，但是步道全長約10公里，若是執意要前往舊筏灣，恐怕就得摸黑才能下山，因此我們聽從志工大哥的建議，選擇前往日湯真山。

　　從登山口進入，走一小段山路，然後上切而上便來到了稜線，這時可以清楚地看到前方有一座較為突出的山頭，我心裡想，那應該就是日湯真山了吧，但是事情不是我想的那麼簡單，儘管起起伏伏的稜線會讓人以為三角點就快到了，但是每當爬上一個陡坡之後，擺在前方的卻是一個又一個的陡坡，好像沒完沒了似的。幸好，當地的環境沒有受到太多人為的破壞，茂密的樹林幫我們遮擋惡毒的陽光，因此走在有涼蔭的步道上，不會讓人熱的滿頭大汗、一身狼狽，偶爾還可以透過林隙看到山下的屏東平原，景色美得令人心情愉悅，因此下次再訪當地，應該要帶個墊子和茶具來享受一番。

　　走了大約一個小時之後，我們來到了一塊小平台略作休息，當地的路口有一面指示牌，上頭寫著新登山口，事後上網查了資料才知道，原來那是一條新開闢的山路，現今山友大多選擇那條捷徑前往日湯真山，但是當地終年雲霧繚繞，雖然距離近了許多，但是坡度甚陡加上環境濕滑，還是有一定的危險性存在，所以選擇那條路線的山友可得特別小心才行。

　　休息過後，我們繼續回到稜線上奮鬥，這次真的離日湯真山的三

▲前往日湯真山和北大武山的交叉路口。

▲雲霧中的北大武山是我們意外造訪日湯真山的原因。

角點不遠了，因為走沒多遠，就隱約可以聽到山友們傳來的喧嚷，那是登頂之後的歡樂笑聲吧。日湯真山海拔 1702 公尺，有著一顆三等三角點，雖然只是三等，但是視野展望極佳，聽說天氣好的時候可以將整個屏東平原盡收眼底，但是我們抵達時，儘管頭頂上出著大太陽，但是山底下卻是雲霧繚繞擋住視線，讓心情有些小小的失落。

　在三角點旁邊，有著幾張利用枯死的樹木所做成的桌椅，提供給山友們歇息之用，我們登頂的時候，正好有一群山友在那裏午餐，食物的香氣讓我們的肚子也跟著咕咕地叫，提醒我們也該吃飯了，於是找一處有樹蔭的地方席地而坐，並拿出背包裡的飯糰出來享用，跟那些山友的午餐相比較，我們的食物實在寒酸，但是山頂上微風徐徐、風景優美，我們仍然吃得心滿意足。

　在原住民的神話中，有一座名為「特馬巴拉巴萊」的山，聽說高度和北大武山不相上下，因此北大武山認為這樣不是辦法，有一天

▲步道沿線生態豐富,圖為又稱台灣山薑的三奈。

便和特馬巴拉巴萊山說:「我們都一樣高真沒意思,不如來比誰比較矮吧!」特馬巴拉巴萊山也覺得這個提議不錯,於是便開始把自己的身子壓低,不斷的壓低之後,卻發現北大武山騙了它,因為對方只是站在旁邊看,完全沒有任何動作,於是事後北大武山成了那個地方最高的山峰。有人認為,神話裡的特馬巴拉巴萊山可能就是指日湯真山,雖然沒有辦法證實,但是因為兩者距離相近,而且登山口又在同一個地方,所以很多人都把它們當作是兄弟之山,因而使得日湯真山更添名氣。

　　吃完午餐,山底下的雲霧開始飄了上來,山區的天氣變化很快,因此我們趕緊在三角點旁拍了幾張相片,接著便往山下移動,回到了小平台的岔路口,我們不想要循原路下山,因此選擇新開闢的山路,想去看看不同的風景。果不其然,雖然路途較短,但是一路幾乎都是極陡的下坡,走起來讓膝蓋相當吃不消,幸好沿途都有繩子可以攀拉,讓可能的危險降到最低。

▲與同學合影於日湯真山的三角點。

　　在下山的途中，我們還遇見一位相當熱心的先生，一開始，遠遠地發現他的身影時，還覺得他的行為十分怪異，因為他會不斷地離開步道，然後鑽進一旁的草叢，似乎是在尋找什麼東西，但是等我們走近一看，才知道原來他是在撿拾山上的垃圾，雖然他的背上已經揹了一大袋垃圾，而且整個人氣喘吁吁、行動緩慢，但是他仍然持續地做著同樣的動作，真是令人佩服，所以我們與他擦身而過時，特別停下腳步來給他加加油，並且謝謝他對這座山的付出，而這時我才突然想起，走在日湯真山的山道上幾乎看不到垃圾，原來是有原因的。

　　回到了登山口，雖然不必再辛苦徒步，但是接下來還有一大段的山路要騎車下山，身心還不能全然放鬆，更何況我們原本要去北大武的計畫，因為沒有申辦入山證而泡湯的懊惱還在，所以當下並沒有太多的喜悅，然而儘管如此，誤打誤撞地前往日湯真山，讓我意外地完成「大武山西稜」四座山頭的攀登，也算是額外的收穫，加上在途中還能遇見美麗的風景跟山友，心中還是十分感動的。

卑南聖山　都蘭山

剛開始的步道儘管陡峭，但有階梯可供行走。（王鈺德提供）

▲從稜線上的展望點可以看見美麗的花東縱谷。(王鈺德提供)

　　隨著年紀漸增,越覺得時間過得很快,一眨眼,大學生涯已經接近尾聲了,往前回顧,國小的時候所讀過的書幾乎都被時間給沖淡了,但是對於社會課本裡的一張圖片卻是記憶猶新,圖片裡是一座聳立於台東平原的山峰,上頭寫著:「卑南族人心中的聖山-都蘭山」,當時對於歷史還頗有興趣的我就感到相當好奇,台灣的最高山是玉山,那麼都蘭山應該也跟玉山差不多高吧!否則怎麼可以得到卑南族人的尊敬而視為聖山?

　　十幾年過去了,雖然我早已經知道,都蘭山並沒有玉山那麼高,但是內心對於當地仍然充滿好奇和嚮往。因此,當班上有同學想以都蘭山的植物調查作為論文的內容時,我便自告奮勇想一起去幫忙,於是讓我終於可以跟著前去一探都蘭聖山的神祕面貌。那是秋天的午後,我們的車子經過南迴公路之後,首先映入眼簾的,是壯闊蔚藍的太平洋,而這時往台東市的方向望去,可以看到一座雄偉高聳的大山,那就是都蘭山了!曾經多次路過當地都沒有特別注意,沒

▲在普悠瑪祭台上,還有剛剛開瓶不久的米酒。(王鈺德提供)

想到都蘭山竟是那麼的醒目,因此想到隔天即將深入都蘭聖山,心中盡是興奮之情。

　一大早,我們來到了都蘭山的登山口,整裝完畢後便興致勃勃的出發,海拔只有1190公尺的都蘭山雖然不高,但是受到海洋水氣的影響,終年雲霧繚繞,使得當地的環境極為潮濕,進而孕育出十分豐富的植群來,譬如以都蘭山來命名的「都蘭山金石榴」就是一種珍貴的新物種,所以我們一行五人,個個睜大雙眼邊走邊調查,唯恐遺漏些甚麼。

　從登山口進入之後,前面1公里還是平緩的產業道路,但是通過宛如是都蘭山大門的兩塊巨石之後,步道便開始急轉陡上,雖然植物都喜歡潮濕的環境,然而闖入它們世界的我們可就不喜歡了,因為長滿蘚苔的地面極為濕滑,一不留神可是會讓人摔得四腳朝天,甚至是頭破血流,因此必須一步一步地站穩再慢慢地往上爬,辛苦得很,幸好沿途有林務局所設置的攀繩,方便我們攀爬而上,然而

▲在即將抵達山頂的途中，有三角點的路程牌。（王鈺德提供）

隨著高度逐漸攀升，我們似乎也進入了螞蝗的勢力範圍，走在最前頭的我沒有受到攻擊，但是後頭的同學可是人人遭殃、哇哇大叫，大夥只好停下腳步，開始尋找吸附在身體上的螞蝗算帳，隊伍才能繼續前進。

　　莫約兩個小時，我們來到了都蘭山的重要景點之一的「普悠瑪祭台」，普悠瑪 Puyuma 是先前其他原住民族對卑南族的稱呼，傳說中卑南族的祖先有七個兄弟姊妹，彼此分散在各地，但是後來因為受到敵人的侵犯而團結一致、共抗外敵，因此普悠瑪又有團結的意思。祭台位於稜線上的一處平坦地，當地有一塊用紅漆寫著「普悠瑪」三個字的巨石，除了是卑南族神聖的祭拜場所，也是卑南族和阿美族的邊界，因此常常會有族人帶著供品上山來祭拜祖靈，我們也入境隨俗在巨石前默禱，並祈求這次的調查任務能夠圓滿完成，隨即在一旁歇息、午餐，為下午的調查工作做好準備。

　　所謂的植群調查有很多種，但主要的目的都是為了要瞭解該地的

▲在都蘭山頂有一顆一等三角點，海拔高度 1190 公尺。(王鈺德提供)

植物種類及生長情況，以方便日後進行相關的資料整理及分析，這是森林系必須要學習的技能之一。根據調查需求的不同，所做的樣區大小也會不一樣，我們先找出一塊適合調查的地方，接著拉出一塊 25M X 10M 的樣區，並逐一調查樣區裡的樹種、樹高、胸高及直徑等，除此之外還要測量當地的光量、坡度、方位等資料，以便瞭解植物的生長環境，雖然過程簡單，但是除了要有辨識樹種的能力，還需要有過人的勇氣，因為我們必須要在森林或是草叢裡穿梭，甚至是爬過倒木、攀上岩塊，一點也不輕鬆。

陪同學前往都蘭山進行植群調查，我們的目標是要完成五個樣區，但是從普悠瑪祭台到都蘭山的三角點，我們只做完一個樣區就耗掉了一個下午的時間，因此當我們 5 人抵達三角點時天色已經暗了，趁著還有些許的光線，除了拍了幾張具有紀念性的登頂照之外，本來還想在三角點附近做一個樣區，不料陽光迅速的消失，黑暗來得令人措手不及，逼得我們只好放棄，並且趕緊打開頭燈，朝著普悠瑪祭台的方向返回。

在山林裡夜行是會令人精神緊繃的，潮濕的環境更會讓人有隨時摔落的危險，加上還要擔心在一旁虎視眈眈的吸血螞蝗，因此不自覺地逐漸加快步伐，以致心跳加速、呼吸不順，甚至開始有些氣喘，如果是在白天，大家應該可以看見彼此既緊張又狼狽的表情吧。

終於，我們平安地回到普悠瑪祭台，一瞬間，整個緊繃的情緒都放鬆下來，而這時我們才訝然發現，從林隙可以望見山腳下萬家燈火的景象，美麗極了。而且也同時發現大家都餓壞了，於是趕緊分工合作，有人煮晚餐，有人搭帳篷，開始忙碌起來，直到填飽肚子之後坐下來歇息，我們才發現頭頂上竟然是滿天星斗的景象，比起山腳下的萬家燈火，更多了幾分的浪漫與靈氣，於是在風景絕美的都蘭山，我們忘了當天的辛苦，心滿意足地進入夢中。

由於前一天我們只完成一個樣區的調查，距離目標甚遠，因此起了個大早，在搞定早餐之後，我們隨即在普悠瑪祭台附近再做一個樣區，接著便往山下移動，馬不停蹄地繼續完成其他樣區的調查，直到回到登山口，已經是下午 4 點多了，儘管如此積極奔走讓膝蓋

有些負荷不了，但是大家的心情都是雀躍的，除了順利完成預計的調查工作，也如願地造訪嚮往已久的都蘭聖山。

　　雖然，在都蘭山停留的時間不久，加上來去匆匆，但是我們都已經深刻地領略了當地的精彩與豐富，所謂「山不在高有仙則靈」國小時對於都蘭山的諸多好奇，此時已經轉化為許許多多美好的回憶，令人回味再三。

屏東最大瀑布 卡悠峰

在瀑布底下，遊客顯得相當渺小。

▲在停車場旁邊的步道入口,有卡悠峰瀑布的標示牌。

　　記得剛剛到屏科大就讀的第一年,對於學校附近的環境都覺得新鮮好奇,因此只要一到假日就喜歡往外跑,所以屏東一些知名的景點一點也不陌生,包括墾丁、四重溪、三地門及大鵬灣等等,所以升上大二之後,心裡總以為自己對於屏東已經瞭若指掌,所以有一次在報紙上看到一篇報導,標題寫著「新祕境－屏東最大瀑布」,當下我心裡便覺得納悶,屏東比較有名氣的不就是涼山或是神山這些瀑布嗎?怎麼會突然冒出一個屏東最大的瀑布,於是在好奇心的驅使下上網搜尋,因而認識了卡悠峰瀑布,也同時讓我明白,其實我對於屏東的瞭解還是十分有限的。

　　既然知道有卡悠峰瀑布這樣的秘境,當然要找時間去瞧瞧,於是有一回從墾丁要返回學校的途中,因為時間還早,因此一群同學便臨時起意,決定要去造訪位於屏東縣獅子鄉的卡悠峰瀑布。入口處就在台1線451.8k處,路口有個不太醒目的牌樓,上面寫著枋山觀光果園,我們循著產業道路進入,兩旁都是果園,更深入一些,在

▲在步道階梯的途中，就已經可以看見遠處山壁上的瀑布。

　　道路右側下方的溪谷河床上，種著一大片的西瓜，面積十分遼闊，我們造訪時正好是夏天，因此河床上有許多果農正在進行採收，騎著車經過的我們當時都覺得天氣酷熱難耐，因此不難想像那些果農的辛苦。道路的右側是溪谷，而左邊則是起伏的山巒，其間還有南迴鐵路經過，因此闢建著若干的隧道和橋樑，所以騎車經過時，還能聽見火車轟隆轟隆的聲音從頭頂上穿越而過。

　　從省道台1線的入口處開始算起，大約8公里的路程，我們來到了產業道路的終點，那是一處寬敞的停車場，可以停放幾十輛車子沒問題，但是當我們抵達時卻一台車也沒有，果然和我預期的差不多，畢竟卡悠峰瀑布還算是秘境，知道的人不多，因此顯得十分安靜。停妥機車。我們隨即沿著石階步道開始往上走，沒有很遠的距離，我們就已經可以看見一面巨大的山壁在遠處矗立著，而瀑布的水流就從山壁的頂端一瀉而下，景色相當壯觀，因此人還沒走近，就已經先聽見瀑布的巨大聲響，讓我們不禁在心裡興奮地吶喊著。

▲壯觀迷人的卡悠峰瀑布全景。

　　雖然石階步道是一路往上，但是長度才 510 公尺，加上瀑布的聲響一直在前方不斷的激勵我們，所以片刻之間大夥便抵達了瀑布的下方，輕鬆得讓人有點意外。而眼前，一個寬闊的山谷，一面高聳的岩壁，一座壯麗的瀑布，讓當地的景色美得令人驚豔。瀑布下方是一處水潭，但水不深，可以戲水，至於瀑布的水流衝撞岩壁所激散的水氣，更讓瀑布底下的我們倍感舒涼，真是一處消暑的好地方。因此我們在那裏逗留很久，捨不得離開。

　　其實，要不是親自造訪卡悠峰瀑布，親眼目睹那裡的壯麗山水，實在讓人很難想像，在那種毫不起眼的地方竟然也有如此的仙境，於是連帶的，讓我對於那處瀑布為何會以卡悠峰為名也心生好奇？於是事後上網查詢才知道，原來它的舊名叫做「內獅瀑布」，意思當然就是指獅子鄉更深山、更裡面的地方，至於附近的居民則稱它為「大門坑」，我想應該是那處瀑布岩壁宛如是一面巨大的門板而來的吧，而「卡悠峰」是排灣族語，其意是指懸崖，近年來為了表

▲從卡悠峰瀑布出來，枋山海邊仍然熟悉美麗。

示對原住民領域的尊重，於是那處瀑布便統一以「卡悠峰」來稱呼。

其實，在上網搜尋資料的同時，除了明白卡悠峰名稱的由來之外，也意外發現，民國 104 年 5 月上映的電影《缺角一族》也曾在當地取景，劇中男女主角林柏宏與陳嘉樺裸泳的情人瀑布，其實就是卡悠峰瀑布，因此事後相關單位便趁著電影的熱潮，推出相關的追星小冊，甚至是整修停車場及步道，以方便慕名的遊客造訪；原來卡悠峰瀑布早已大名鼎鼎，真是失敬失敬。

在炎炎的夏日，在返回學校的途中，因為一次的臨時起意，讓我們終於見識到屏東最大瀑布的魅力，於是在瀑布底下待到天色昏暗才依依不捨的離開。回程中，雖然騎的是同一條產業道路，但是景色已全然不同，因為遠方的海平面上可以看見火紅的夕陽緩緩沉下，而西瓜田裡的果農也已經離開，河床上顯得昏暗而且寂靜，唯一不變的，大概就是南迴鐵路上的列車從我們上方疾駛而過所發出的巨響。

離開產業道路，重新回到車水馬龍的省道台 1 線，突然一台大卡車從身旁轟然而過，留下一陣的烏煙廢氣以及我們的楞然一驚，原本還沉浸在卡悠峰美景中的我們，瞬間被打回現實之中，也提醒我們要打起精神來，因為離學校還有好長一段路要奔波呢。不過，之前在報紙上無意中看見「新祕境－屏東最大瀑布」的報導，加上同學們的臨時起意，讓我們得以證實卡悠峰瀑布的存在，我相信台灣也是如此的，雖然不大，但是還有許多地方等著我們去發現、去探險，想到這裡，精神為之一振。

山風瀑布 瓦拉米

▲抵達瓦拉米步道前的南安瀑布，頗具山水之美。

　　大三的暑假，我們全家計畫到台東去旅行，父親要我安排行程，包括吃、住以及景點的參訪，那無疑是對我的一種信任吧。其實台東我們已經去過很多次了，因此當地一些比較知名的景點暫不考慮，包括水往上流、三仙台以及知本溫泉等等，因為我想要安排一些秘境，一些我們都沒有去過的地方，於是就在這樣的情況下，瓦拉米被我納入行程當中。。

　　不久前曾經看過「MIT台灣誌」介紹瓦拉米，當時就對瓦拉米的自然風景十分嚮往，加上我們全家都喜歡山林野外，於是讓我決定上網查了一下當地的資料，發現位於花東縱谷的瓦拉米，是玉山國家公園東部唯一的出入口，步道平坦好走，而且途中還有瀑布，我們可以只走前段，也就是步道入口到山風瀑布，而且離開之後還可以翻過海岸山脈，沿著海岸公路返回台東，一山一海，兩邊的景點都能兼顧，算是一舉兩得吧！

　　其實，在我們要前往台東的前一天，就知道有颱風往台灣的方向

▲走在滿佈歷史痕跡的步道上，不難想像當初建造的艱辛。

前來,但是各國的預報路線都是往北,甚至根本不會登陸,因此我們依然按照原定的計畫出遊。第二天,我們從台東的民宿出發,儘管氣象局的資料顯示,颱風路線有往南修正,但是一路雲空晴朗,完全沒有影響我們出遊的興致。

來到了花東縱谷卓溪鄉的南安遊客中心,我們短暫停留、略作休息,遊客中心前方的稻田已經收割,因此沒有金黃的稻浪可觀,不過稻田裡那株被稱為「南安金城武樹」的茄苳則依然挺拔翠綠著,彷彿對於人們恣意加給他的封號全然不知,也無所謂吧。接著,我們便繼續往深山前進,沒有很遠的距離,山路左邊有一座南安瀑布,聲勢不錯而且易於親近,但是瀑布下方剛好有一群學生在野餐、戲水,喧嘩熱鬧得很,因此拍了幾張相片之後我們便離開。

循著山路繼續前進,盡頭的地方有一處停車場,那裏就是瓦拉米步道的入口了,我們抵達時已經有幾台車輛停在那裏,看來瓦拉米一點也不冷清呢。停妥車子,揹起背包,我們也準備要進入步道,而這時,在入口處有一位原住民大哥問我們要走到哪裡?和他說明目的地之後,他點頭示意,表示我們可以進入,看樣子應該是一位巡山員吧。

瓦拉米源自於布農族語 Walami,有一起來的意思,該步道是屬於八通關古道東部的一部份,沿著步道往西走,可以抵達南投縣的信義鄉,是不少登山客喜歡挑戰的地方。由於當地環境潮濕,是蕨類理想的生長環境,因此種類頗多,所以瓦拉米步道又有「蕨道」的美稱,也是觀察與研究蕨類生態的絕佳地點,而巧合的是,蕨類的日語發音竟然跟瓦拉米很像,真是有趣。除了瓦拉米的名稱故事,在步道旁的拉庫拉庫溪也是很有趣的名字,一開始知道這樣的溪名,我就覺得很納悶,為何不直接叫做拉庫溪就好,硬要拉庫兩次,原來拉庫在布農語中是指無患子,而當地的溪流兩旁長著許多的無患子,加上數量實在太多了,所以族人遂以兩個拉庫來命名,於是該溪便以拉庫拉庫溪來稱之。

走在瓦拉米步道上,除了兩旁蕨類叢生的景象外,路旁還豎立著不少台灣黑熊的警告牌,提醒著遊客要注意安全,雖然在步道上遇

▲走在變形的山風一號吊橋上，讓人覺得有些擔心。

到黑熊的機率極低，但是那樣的警告牌還是不免讓人有些聯想，會讓人心情忐忑地四處張望，唯恐有黑熊會從森林的深處衝出來，真是讓人緊張啊。

　　走了大約1公里，我們來到了第一個景點－山風一號吊橋，全長120公尺的吊橋橫跨了拉庫拉庫溪上方，雖然走在橋上可以看到山谷壯麗的景致，但是腳底下數十公尺深的溪谷還是讓人感到恐懼，加上不時有強風襲來，因此還是趕緊通過為妙。過了一號吊橋之後，山路變得比較狹窄，開始有了些古道的樣子，一旁垂直的岩壁上也可以看出開鑿過的痕跡，清楚地呈現出歷史的面貌。

　　過了一號吊橋，就表示二號吊橋已經不遠了，果不其然，再往前沒多久就可以聽到水流的聲音，那是山風瀑布，是瓦拉米步道上一處十分迷人的景點。不過要欣賞山風瀑布的風采有2種選擇，其一是進入瀑布下方的觀景台，由下往上張望，另一種則是在二號吊橋上，從高處鳥瞰水流從吊橋底下沖瀉而下。由於角度不同，風景自

▲我們家的木頭貓狗，在山風二號吊橋前留影。

然有所差異，感受當然也就不一樣。

　　所以，我們 2 種都不放棄，但是要進入觀景台必須走一段 100 多階陡落的木梯，已經有點疲憊的我們，待會兒上來時想必會吃些苦頭吧，但是為了欣賞山風瀑布完整的面貌，也就沒有想那麼多了。幸好瀑布下方的景色奇美、環境清幽，甚至還有一組桌椅可以讓我們歇息，因此就算要吃點苦頭也就不在乎了。瀑布的水流其實不算太大，但是從上沖瀉而下，仍然激起一些水霧，甚至帶來陣陣的涼風，或許山風瀑布之名就是因此而來吧。

　　在觀景台上休息了一會兒，我們才心滿意足地去面對那極陡直上的木階，並且十分吃力地回到步道，接著再走一小段路，我們便踏上位於瀑布上方的二號吊橋，雖然規模小、距離短，但是山風二號吊橋卻保留著原來的面貌，古樸且耐看，加上可以從高處眺望瀑布及周遭的山林，景色令人著迷。

　　由於時間的關係，山風二號吊橋是我們第一次探訪瓦拉米的終點

站，接著便開始往回走，途中陸續有其他的訪客與我們擦身而過，看來瓦拉米果然魅力無窮啊，但是當我們回到步道的入口，卻遇見一名警察要我們填寫資料，原來是颱風轉向，氣象局已發布陸上颱風警報，因此警方必須勸離所有在國家風景區內的遊客，於是我們也成為被勸離的對象之一；跟著父親在山林裡走跳多年，第一次因為颱風而被勸離，還真是特別的經驗，於是成為我們造訪瓦拉米時一個難忘的際遇。

鹿林神木與麟趾山

小時候，我曾與姐姐、母親在夫妻樹前合影。

▲沿著步道往下，鹿林神木壯觀的身影讓人印象深刻。

　　在台灣，對於愛好爬山的人來說，無不把攀登玉山視為此生必定要完成的任務之一，但是要前往玉山必須事先提出申請，並且經過核准，不是說走就可以隨時前往的。近年來，由於父親對於老樹十分著迷，加上他知道我喜歡爬山，雖然還沒有機會可以造訪玉山，但是卻十分嚮往塔塔加一帶的山林，因此在大二的暑假，我們全家安排了一趟塔塔加之旅。

　　其實，父親主要是想去探訪當地的鹿林神木，那可是台灣十大神木排名第二，身形高大壯碩得令人印象深刻，除此之外我們還選擇了玉山旁的「麟趾山」，作為日後造訪玉山的暖身之旅，同時也順道去看看小時候曾經跟我們一起合影的夫妻樹。

　　從埔里出發，經過水里、信義之後，在新中橫公路上，遠遠的就可以看到遠方高聳的玉山身影，有如一把利刃般直插天際，縱使附近也有許多三千公尺以上的大山，但是身為百岳之首的玉山卻是那麼的顯目，氣勢絲毫不受影響。近年來，隨著高山旅遊以及登山活

動的盛行，塔塔加一直是一處熱門的景點，而且可以跟阿里山風景區連結在一起，因此每到假日總是擠滿了遊客，所以隨著海拔高度的逐漸提升，新中橫公路上的人車明顯增多了，而且隨著兩旁的景色逐漸開闊，空氣也益加清新了起來，因此很快的，我們抵達了夫妻樹。

剛好在公路轉彎處的夫妻樹，是兩棵巨大的紅檜，很久以前因為森林大火而變成枯木，雖然沒有了生命，但是看起來仍然十分雄偉而令人敬仰，因此路過的遊客都會在那裡駐足拍照，是新中橫公路上的熱門景點之一。然而早已枯死的夫妻樹有隨時倒塌的危險，因此管理單位在四周拉起了封鎖線，不讓遊客靠近。只是沒想到，那次路過竟然成了一種告別，因為過沒多久，從電視新聞上得知，夫妻樹中的夫樹因為不堪豪雨的衝擊而倒塌了，實在令人覺得可惜。

過了夫妻樹之後便來到了塔塔加，海拔 2610 公尺的塔塔加是新中橫公路的最高點，其名稱是由鄒語 TATAKA 而來，意思是寬闊平坦的地方。公路旁有許多停車場，但是停車場裡早已停滿了車輛，就連路旁也一樣，於是大量的遊客有的揹著背包準備要去爬山，有的則是一派輕鬆的在空地野餐。由於時間尚早，所以父親打算先去看看在前方不遠處的鹿林神木，再回來爬麟趾山。

從塔塔加開車 10 分鐘就可以抵達鹿林神木，循著路邊的指示牌往下走，神木就在步道的盡頭等著我們，不過 46 公尺的高度，讓神木的樹冠其實就在公路邊，與其它的樹木融為一體，因此當初在開闢公路時並沒有被發現，直到近年來才被人們發現其蹤跡，因此並沒受到人為的破壞；根據專家的調查，它可是全台第二大的神木，所以身形十分驚人，渺小的我們原本還想用相機從底下拍攝它壯碩雄偉的姿態，但是沒有廣角鏡頭，無論從什麼角度都只能拍到局部的畫面，真是大的有夠誇張。

回到了塔塔加，我們從遊客中心旁的一條小路進入，那是通往玉山登山口與麟趾山的步道，雖然當地海拔高，剛開始走起路來有點喘，不過很快就能適應。首先，我們來到了第一個景點－大鐵杉，雖然其樹形沒有鹿林神木的壯觀，但是位於人來人往的步道路口，

▲大鐵杉底下有著許多的遊客，讓當地熱鬧非常。

▲麟趾山的三角點,擠滿了要拍照的人們。

加上樹形優美,名氣反而比鹿林神木還要來得響亮;我們抵達時,大鐵杉的樹下聚著一大群遊客,或歇息喝水,或野餐聊天,儼然有一種市集的感覺,熱鬧得讓人意外,因此我們沒有逗留,而是繼續往麟趾山的方向前進。

又走了半個小時,我們來到山的另一側,當地已經可以看到玉山以及遠方群山的景色,甚至連之前爬過的向陽山、南三段都可以看得清清楚楚,視野展望極佳。原來當地曾經發生森林大火,高大的樹木大多被燒毀,因此只剩下低矮的草原和廣闊的視野,景色相當迷人,加上時間已經接近中午,所以許多山友就直接席地而坐,一邊午餐一邊賞景,愜意得很。

經過那片高山草原,我們沒有停留,而是一邊張望、一邊拍照,然後輕輕鬆鬆地抵達麟趾山,當地海拔 2854 公尺,舊稱大竹山,玉山國家公園成立之後命名為麟芷山,近幾年才更改為麟趾山,山頂上雖然沒有三角點,但有著一塊寫著麟趾山的巨石,吸引著山友們

▲我們全家於玉山登山口處合影。

　　爭相拍照，就連我們想要拍照都得排隊，不知情的人恐怕會以為前面是在賣甚麼人氣美食吧，沒想到在如此偏遠的山頭，還會有這種事情發生，真是有趣。

　　從麟趾山繼續往下走，便可以抵達玉山登山口，雖然當時沒能造訪玉山，但是我們全家還是在那裏拍張合照，多少有點象徵的意義吧，而且回去時還能唬弄一些朋友，騙他們我有去過玉山。在玉山登山口的小廣場，停著幾部專門接送山友的廂型車，如果要搭車回到塔塔加遊客中心，一個人得花 100 元，但當時我們已經餓得手腳發軟，實在沒有辦法再走回去，因此父親毅然決定搭車下山，花錢事小，吃飯事大，能夠趕快回到遊客中心午餐，顯然比甚麼都重要。

紅香部落　帖比倫

要抵達帖比倫瀑布，必須拉著纜索下探峽谷

▲帖比倫峽谷有著美麗的山水景觀，宛如人間仙境。

　　記得有一次和同學到浸水營古道去採集植物，突然接到父親的電話，平常都是我主動打電話回家報平安，心想父親怎會打電話給我，會是出了什麼事情嗎？於是連忙接起電話，而在電話的另一頭，只聽見父親不疾不徐的說道：「兒子啊，你可以幫我查一下帖比倫山莊的電話嗎？我的手機沒有行動上網，沒辦法查。」原來是爸爸跟媽媽去紅香部落尋找帖比倫瀑布時不小心迷路了，他想要打電話問山莊的人，瀑布到底要往哪裡走。

　　真是虛驚一場，不過當時我人在深山之中，在訊號微弱的情況下還能夠接到父親的電話已經相當幸運了，更不用說是上網查資料，因此和父親解釋之後便掛了電話，雖然那次沒能幫上忙，不過卻對帖比倫感到相當的好奇，那是什麼樣的地方？會讓老經驗的父親也迷了路呢？事後父親當然有順利的找到了帖比倫瀑布，也平安地回到家，甚至還跟我們分享當地絕美的山水景色，同時也答應我們，找時間會再帶我們去一次，於是讓我充滿期待。

▲要前往帖比倫峽谷,途中會經過的茶園。

　　那是一個秋天的假日,天色未亮,我們就已經從埔里出發,然後經過霧社並且進入力行產業道路,那是一段十分危險的山區道路,只要下大雨就會有崩塌發生,加上道路柔場寸斷、崎嶇難行,因此除了運送蔬菜的貨車和當地的居民不得已要往返外,一般人是不會行經該路段的。記得國中的時候,父親為了尋找殼斗科的鬼櫟,也曾經造訪力行產業道路,如今幾年過去了,當地儘管景色優美,但是危機四伏的路況依舊存在,因此不免讓人忐忑不安,儘管父親開的是高底盤的休旅車,加上技術熟練,但是為了通過某些泥地陡坡,急踩油門所造成的巨大引擎聲,還是會讓我們提心吊膽。

　　於是一路驚險,我們總算順利地來到紅香部落,並且轉進前往帖比倫的山路,繼續一路深入,沿途不是高麗菜園就是茶園,呈現出人工的美景來。而山路的盡頭即是帖比倫山莊,有提供餐點及住宿的服務,但是我們抵達時大門深鎖,只有幾隻小狗在裏頭狂吠表示歡迎,顯得十分冷清,我當時以為那樣的山莊,生意應該不會很好

▲壯麗的帖比倫峽谷全景。

吧。但是事後回家查了資料才發現，原來帖比倫山莊的客群，不是只有慕名造訪帖比倫瀑布的遊客而已，許多要攀登白姑大山的山友也會選擇在當地入宿一晚，因為白姑大山為中橫四辣中的特辣名山，挑戰完那樣的山峰，如果馬不停蹄地開車下山，實在是太累了，因此帖比倫山莊遂成為山友們相當重要的休息地點。

我們將車子停在山莊的停車場裡，然後沿著山莊前方的山徑往下走，經過了一片茶園之後，山徑沿著崖邊繼續往下，下方的溪谷有清澈的水流，而眼前的山徑則必須穿過樹林與岩塊，而且林子裡還有不少青剛櫟，因此迷人的果實掉落一地。大約半個鐘頭左右，我們走到山徑的盡頭，這時已經可以看到帖比倫瀑布就在下方的峽谷裡，水聲轟隆作響，但是接下來是幾乎垂直的山壁，我們必須拉著繩索、爬著木梯、踩著石階，小心翼翼的才能進入峽谷。

瀑布雖然不大，峽谷的規模也很小，但是卻極為瑰麗壯觀，因為豐沛的水流在瀑布下方漩流出一處碧綠的深潭，襯著旁邊顏色多變

　　的岩壁，加上水質清澈見底，如此鬼斧神工的原始山水，兼具了壯麗與溫柔的表情，真是令人讚嘆著迷啊。也難怪父親願意不辭辛勞的帶我們再訪當地，據說除了我們眼前的峽谷與瀑布之外，在上游的地方還有更多的美景，父親上回就是在上游的森林間因為無法下切溪谷而迷路的。

　　因此，我們在峽谷裡逗留了許久，除了拿出飲水和食物來補充體力外，更多的是戲水及拍照，當地的景色實在美如仙境，隨便怎麼拍都好看，因此耗掉了許多記憶卡的容量之後，我們才依依不捨地離開。接著，我們順道轉往紅香部落去看看，那是我第一次造訪當地，因此處處覺得新鮮有趣，包括安靜的聚落、老舊的木屋、迷人的水瀑、長長的吊橋，以及紅艷的楓葉等等，都給我一種世外桃源般的感受，令人著迷。

　　不過，位於部落旁的紅香溫泉，可就完全是另一番景象了，因為我們抵達時，一旁臨溪的空地上竟然搭著許多的帳篷，顯得熱鬧非

▲鐵皮屋搭建成的紅香溫泉與石頭地標。

常，根本就像一處露營區。因此很難想像，在那麼遙遠而且交通不便的紅香溫泉，竟然還有那麼多的遊客在當地露營野餐，不知道是紅香溫泉的魅力使然？還是那些遊客根本就是瘋狂？紅香溫泉有一間簡陋的鐵皮建築，裡頭分別有男女兩處澡堂，中午時分裡頭沒有人在泡澡，我試著將手伸入池子裡卻被燙個正著，大概是溫泉原汁的溫度太高，加上沒有添注冷水吧，所以遊客根本就沒辦法泡澡，不過空氣中瀰漫的硫磺氣味，仍然讓當地呈現出溫泉鄉的氣氛來。

　　無法讓人泡湯的紅香溫泉，自然魅力減損不少。加上澡堂周遭的環境髒亂，草叢裡還有許多的垃圾，都讓我們感到失望，看來人們對環境的危害真是無所不在啊，因此四處看看之後我們便離開，但是離不開的，應該是我對帖比倫瀑布的懷念以及對紅香部落的好感吧。

從坪瀨到水濂洞

從吊橋上所看見的壯麗山景及細長瀑布。

▲前往坪瀨吊橋途中的石壁天然景觀。

　　省道台21線，是一條從住家社區通往埔里市區的道路，而且往南一直延伸，可以抵達日月潭、水里、信義甚至是再遠一點的玉山國家公園；如果往北，則可以前往國姓、谷關及東勢等地，是父親經常帶著我們全家出遊的路線之一。

　　台21線公路進入信義鄉後，原本開闊的陳有蘭溪沖積平原會隨著兩旁的山峰靠攏而逐漸縮小，而這時群山並起，超過3000公尺的大山陸續出現，那是台21線信義段給我最深刻的印象，至於當地的景點，我們幾乎都已造訪過，唯獨「坪瀨琉璃光之橋」還沒去過，因此每次經過信義街上，看見路旁「坪瀨琉璃光之橋」的指示牌時，我的心裡總會有許多的問號？屏東山地門也有一個琉璃吊橋，曾經去過數次，然而我就是不明白，一座橋梁除了有琉璃之外竟然還有光？真是引人嚮往啊。

　　父親近幾年來，除了對於台灣的老樹深感興趣，也積極進行南投縣瀑布的尋訪，而在信義鄉坪瀨的更深山有一處水濂洞瀑布，那

▲坪瀨琉璃光之橋的玻璃橋面。

是父親預計要造訪的地點之一,因此為了尋訪該瀑,讓我們全家有機會可以順道去坪瀨看看琉璃光之橋,看看那座橋梁到底是何等模樣?

　　根據規定,造訪琉璃光之橋只能搭乘接駁車前往入口,因此我們只好入境隨俗,而當時可能是時間還早吧,也或許是熱潮已退,那台接駁車只有我們一家四口,因此一路探訪都沒有遇見其他的遊客。而剛開始,步道會經過聚落,所以我們會先遇見一些老房子跟老樹,之後則是充滿原始風貌的奇特岩壁,因此讓我們走走停停,不時停下腳步來拍照、賞景,因此不知不覺中就抵達了琉璃光之橋。

　　其實,那是一處橫跨在深谷兩岸的吊橋,橋頭有工作人員在檢驗門票,因此沒有買票並搭乘接駁車,即便有人自行進入步道,最終也無法通過吊橋,所以出門旅行最好還是遵守規定,免得敗興而歸。雖然只是一座吊橋,但是橋面的中段改以玻璃的材質,因此遊客走在上頭,腳底下的景色都可以看得一清二楚,膽小的人恐怕會頭皮

▲跨越在深谷上方紅色的水濂洞吊橋。

發麻、腳底發癢吧，因此給人一種既刺激又危險的感受，不過玻璃的橋面不長，只要不往下看並趕緊通過，驚嚇程度還不算太高。而這時，關於琉璃光之橋的名字我還是不懂，琉璃是指玻璃橋面，而光呢？是從橋面可以把底下的溪谷看光光嗎？真是令人疑惑。

過了琉璃光之橋，往左可以循著產業道路回到接駁車的停靠站，若是繼續直行，則可以探訪更精彩的自然景點，包括古曬場、一線天及飛來石等等，而且路程不遠，很快就可以走完全程，因此我們當然沒有放過，然後才帶著對坪瀨山水的秀麗印象，搭上接駁車回到停車場。隨即，我們馬不停蹄地開著自己的車，往更深處的水濂洞瀑布出發，依照導覽地圖所標示的位置來看，水濂洞瀑布就在坪瀨溪的上游，理當不會很遠，但是沒想到在山區繞了半個小時，我們才抵達要前往水濂洞瀑布的步道起點而已。

進入步道之後，可以發現路面及護欄都還算新穎，但是沿途卻落石處處，甚至有些地方的護欄遭落石擊毀，加上野草蔓長，呈現出

▲從山丘上可以望見水濂洞山谷裡的兩處瀑布。

十分荒涼的景色，看來有種被遺棄冷落的樣子。但是走沒多遠，我們就遇見右側的山壁上有一道瀑布，儘管不算壯觀，但是仍然有模有樣地讓人歡喜，於是我們在那裏短暫歇息，接著才繼續前進，而且很快地就看見一座紅色的水濂洞吊橋，微顫顫地掛在深谷上方，根據資料的記載，過了吊橋又爬上一個小山頭，就是水濂洞瀑布了。

其實，水濂洞瀑布並非只有一個瀑布，而是由多個瀑布所組成的瀑布群，當地的地形是一處圓弧狀的山谷，加上常常有猴群出沒，景致就像西遊記裡的水濂洞因此而得名，所以水濂洞不是洞，是一處極為壯麗的山谷，而谷中主要的瀑布有 3 座，其中高度最高的，在吊橋上就可以望見，但是水濂洞吊橋不但長而且高，其中有些木板甚至已經腐朽而掉落，因此站在上頭，驚險指數比起琉璃光之橋還要高，所以佇立在吊橋上拍攝那座瀑布，會讓人嚇死許多細胞。

好不容易過了水濂洞吊橋，但是眼前步道的受損程度更加嚴重，有些地方甚至連地基都崩毀了，加上雜草長得比膝蓋還高，其中還有

會讓人痛不欲生的咬人貓，因此儘管瀑布就在前方，但是想要抵達一點也不輕鬆，幸好距離已經不遠了，所以父親順手拾起一根樹枝，走在前方一邊撥開草叢一邊開路，讓我們得以緩慢前進，然後順利地登上一處山丘，上頭還建有一處木造涼亭，但是顯得荒蕪，看來已經很久沒有人造訪了。

水濂洞瀑布群就在那處山丘的下方，但是山谷極深，儘管有一道木梯可以通往谷底，但是木梯的坡度相當高，要上下往返想必會讓膝蓋吃些苦頭，加上木梯有些地方已經腐朽，顯得搖搖欲墜，所以我們不敢冒險下探，只在上方拍攝瀑布的動人面貌，最左側的那處瀑布聲勢最大，與最高的那處瀑布之間，還有其他的小瀑，水流儘管大小不一，但是同樣都從往深谷裡沖瀉而下，於是與高聳的峭壁形成一幅極為壯觀的山水美景，如果相關單位能夠把當地的環境弄得更安全，一定會是一處魅力十足的觀光景點。

離開那處山丘，也離開那座嚇人的吊橋，我們在回程中，一樣選擇在途中的那處瀑布下方歇息，儘管當地沒有水濂洞瀑布的壯麗，但是卻讓人易於親近，是那種可以放鬆心情的地方，於是在那裏，我們卸下一路巡山探水的小心和緊張，然後才帶著心滿意足的心情離開。而當車子回到省道台 21 線，我才恍然明白，眼前這條看似熟悉的道路，原來在其周遭，還有很多地方正等著我們去發現和探險。

楓葉 瀑布 奧萬大

吊橋對岸的松林區，有許多壯碩的松樹。

▲供人休息的森林平台，清幽迷人。

　　奧萬大位於南投縣仁愛鄉，擁有「楓葉的故鄉」的美稱，其地名之「奧」字是指深入的意思，因此奧萬大也就是指萬大更裡面的地方。雖然地處偏遠，加上道路狀況不太理想，但是每到秋冬時分，當楓葉開始轉紅之際，仍然會吸引許多遊客前來朝聖，是台灣非常知名的賞楓景點。

　　民國83年，林務局將奧萬大設置為森林遊樂區並正式對外開放，於是使得一般民眾得以一窺當地的自然美景以及豐富生態。其中，負離子含量高居全台第二的瀑布區，一直是奧萬大十分迷人的區域，相當受到遊客們的青睞，也是父親在記錄南投縣瀑布的計畫中，原本就打算要去造訪的地點之一，因此我們全家得以跟著父親的腳步，再一次造訪奧萬大。

　　除了瀑布區，在南溪和北溪匯流處的楓林區，更是奧萬大具有代表性的景點，面積大約有8公頃，生長著許多楓樹，因此在楓紅時節景色浪漫絕美。所以到了奧萬大，當然不能錯過那樣的地方，因

▲跨越在深谷上方的奧萬大吊橋，顯得十分堅固。

此將車停妥之後，我們便循著楓林步道往山林的深處漫步而行，打算隨後再去探訪瀑布。

當天艷陽高照，幸好步道上處處綠蔭，為我們遮擋大部分的陽光，而且沿途風景多變，加上一路起伏不大，走來還算輕鬆適意，因此我們很快的就抵達一處臨著山崖的大平台，當地設置著一些木椅供遊客歇息，儼然就是一處休息站，但是我們並沒有逗留，因為我們的目的地是對岸的楓林區，所以必須先找到跨在兩岸的吊橋。

從供人歇息的平台到吊橋，雖然距離不遠，但是卻一路陡上，讓人走得滿頭大汗，彷彿把前面路段的輕鬆和愜意統統都給要了回去。但是當我們抵達吊橋橋頭才發現，原來全長 180 公尺，落差高度 90 公尺的奧萬大吊橋是後來新建的，之前通往楓林區的吊橋在一次颱風豪雨中已經消失，甚至楓林區的楓樹也部分遭泥沙掩埋，於是為了提供遊客賞楓之便，園方只好在楓林區更高處的松林區闢建新吊橋，因此走過對岸，遊客必須再往下走一段路，才能如願地欣賞楓林黃紅交融的景色。

但是當我們走過吊橋，卻發現松林區往楓林區的棧道受損而封閉中，真是令人失望啊。幸好松林區的景色也很美，高大的松樹、翠綠的草皮，加上林間有幾枚碩大的岩石，像極了武俠劇裡的某個場景，而且還有幾處涼亭可供歇息，甚至還可以從高處眺望周遭的山林溪谷，景色秀麗得令人心生歡喜，所以我們就在那裡短暫休息，吹吹風、拍拍照，並且吃個東西補充體力，才心滿意足地繼續下一個行程。

回到了遊客中心，時間已經是中午了，我們在那裏解決午餐，隨即轉往瀑布區。當地的瀑布主要有三個，分別是飛瀑、雙瀑及連瀑，我們循著步道走到盡頭，那是全台灣負離子含量第二高的飛瀑，水流從山壁上直沖而下，除了不斷地撞擊岩塊，而且會隨著山風搖擺，於是在瀑布底下激起漫天的水氣來，即便隔著一段距離，我們在觀瀑平台上，仍然可以感受到無比的清涼。

其實，要前往瀑布區的道路平緩好走，而且沿途生態極為豐富，我們不斷地發現一些精彩的動植物，包括罕見的椿象、稀有的野花，

▲冬季的飛瀑，水量依舊驚人。

▲因為地勢陡落所形成的雙瀑。

以及殼斗科的果實掉落一地等等，因此是一條相當大眾化的路線，遊客頗多。從飛瀑往回走，下游不遠處因為地勢的落差，形成另一個瀑布叫雙瀑，但是地勢險峻，人們無法進入谷底，因此只能在山路下方的觀景台去感受雙瀑的魅力。

看過雙瀑之後，遊客通常都會從原路離開，但是我們還想去探訪連瀑，因此離開觀景台之後，沿著山谷邊的林道一路往下，當地的林相頗佳，而且沒有喧嘩的遊客，顯得份外清幽。我們抵達溪谷的出口，接著往上游處回溯，沿途水流清澈無比，而且沒有很遠的距離就遇見一處短瀑，從大面積的岩塊上沖刷而下，儘管聲勢沒有上游處的飛瀑和雙瀑那般壯觀，但是踩過落葉、踏過岩塊，我們就可以親臨瀑布的下方，顯得平易近人。

佇立在短瀑的下方往上張望，可以發現當地的岩塊是往上傾斜延伸，於是水流遂在上頭急急奔流，雖然因為角度的關係，無法窺探全貌，但是那應該就是所謂的連瀑了。然而很可惜，因為岩塊光滑傾斜，因此根本無法徒手攀爬，只能藉由那局部的畫面去想像連瀑的精采面貌；所以，我們就在那處短瀑下方逗留許久，並且拿出背包裡的食物出來野餐，同時還脫去鞋子赤足涉水，用雙腳去感受屬於奧萬大瀑布的清涼，以及我們對當地自然山林的好感。

在奧萬大，除了楓林步道、松楓吊橋、松林區以及瀑布群之外，當然還有很多地方是值得造訪的，只是走了一整天，我們的腳也差不多發軟了，因此離開瀑布區之後便心滿意足地離開奧萬大，雖然沒能看到楓紅漫漫的景象，但是只要願意擁抱山林，大自然總會給予人們大大的驚喜，期待下次再訪奧萬大時，會有更多不同的感受與收穫。

鳳凰谷鳥園尋瀑行

鳳凰谷鳥園內的紀念碑。

▲本書作者在題有隱潭兩字的巨石前留影。

　　父親是一位十分積極的人，只要訂下任何計畫，他總是全力以赴，不會敷衍應付，因此自從知道他打算要完成南投縣瀑布的書寫與記錄之後，只要是沒事的假日，他便會帶著母親到山林野外去尋瀑。有一回，我跟姐姐剛好都有回家，因此便趁機跟著父母一起到野外去遊玩，只是那次讓人有些納悶，因為父親竟然要帶我們去鳳凰谷鳥園尋瀑，那不是賞鳥的地方嗎？然而看見父親在說明時的堅定表情，我們不敢有所懷疑，因為父親是那種會在行前做足功課的人。

　　其實，炎炎夏日待在家裡吹冷氣，或是上山享受大自然的清涼，都是不錯的選擇。但是鳳凰谷鳥園在鹿谷，提到鹿谷就會讓人想起溪頭及妖怪村，那可是每逢假日就會塞車的觀光勝地啊，不知道鳳凰谷鳥園會不會也是人潮洶湧？幸好！從鹿谷街上轉往麒麟潭，途中並沒有塞車的情況，過了麒麟潭之後，在前往鳳凰谷鳥園的途中人車是益加稀少，看來當地並不是熱門的景點；不過山路兩旁的茶園，以及遠方那座龐大的鳳凰山，都讓當地的景色加分不少。

▲從觀瀑平台遠看鳳凰谷瀑布的壯觀畫面。

▲如夢似幻但卻又十分危險的瀑布與深潭。

　　抵達鳥園的大門口，剛好有一群長輩從遊覽車上陸續走下來，導遊拿著麥克風在一旁大聲嚷嚷，於是一時之間，空氣中傳遍著熱鬧的氣氛，原來鳳凰谷鳥園一點也不冷清啊。我們停妥車並走向收票處，這時我才發現當地的名稱竟然落落長，原本還隸屬中央時叫做「國立鳳凰谷鳥園」，後來因為與台中科博館合併，因此名稱改為「國立自然科學博物館自然科學教育園區管理中心鳳凰谷鳥園生態園區」，長達三十個字的全名還真是讓人大開眼界呢。所以還是叫鳳凰谷鳥園就好，免得記不住。

　　入園的門票沒有想像中的貴，一般遊客一人只要 40 元，有學生證的我們更只要 20 元，跟其他類似的動物園相比較，鳳凰谷鳥園顯然物美價廉，讓人覺得值回票價。進入園區之後，我和父親拿起園區的平面圖研究，看要從哪條道路可以最快抵達瀑布，至於母親和姐姐則走氣質路線，選擇留在園區裡賞鳥。一路往下，雖然我們沒有停下腳步來仔細欣賞，但是仍然看了不少珍奇的鳥類，因此不難想

像當地鳥類的多元與豐富。

　　園區下方的山谷有一座小吊橋，走過橋去，景色明顯不一樣，因為當地已經沒有人工鳥園，周遭的林樹也濃密許多，加上原本的柏油路面變成了清幽的林間小路，而且遊客也少了很多。繼續深入，在小徑盡頭的右方有塊小廣場。擺著一枚巨石，上面寫著「隱潭」兩個大字，原來那是民國 63 年時，擔任行政院長的蔣經國先生在地方首長的陪同下前來巡視鳳凰谷瀑布，在回程中遇一巨石，當地隱約可以聽見瀑布的聲音，但是卻見不到瀑布的身影，因此便命名為「隱潭」，成為日後鳳凰谷瀑布的代名詞。

　　從隱潭處開始，有陡下的梯道可以前往觀瀑平台，在那裡便可以遠眺下方非常壯觀的瀑布，但是因為多次的天災地變吧，讓繼續往下的步道嚴重崩毀，已經沒有任何人工的設施，不過被人踩踏過的路痕還是十分清晰，只要小心翼翼，仍然可以深入訪瀑；因此與父親亦步亦趨、手腳並用的進入溪谷，而這時，右側的溪床上有岩塊擋道，我們只好涉水過溪，然後從左側繼續溯溪而上。

　　溪谷裡滿佈巨石，加上瀑布就在不遠處轟隆著，呈現出一種壯麗的風景來，然而儘管地處荒僻、人跡罕至，但是溪床上仍然可以發現許多垃圾，美景當前顯得格外諷刺。我們繼續踩踏溪石、翻越岩塊，慢慢地抵達瀑布下方，聲勢驚人的水流就從眼前的山壁沖瀉而下，不但在下方沖漩出一處水潭，而且還持續地發出轟然的巨響，以致我和父親在交談時，都必須用力地嘶喊才能夠讓對方聽見自己的聲音。

　　瀑布下方的水潭色澤暗綠，顯得相當深邃，自認為水性不錯的我竟也感到幾分畏懼，所謂「如履薄冰、如臨深淵」大概就是那種感覺吧，因此在拍攝瀑布的時候，我一直不敢太靠近，反觀父親則顯得怡然自在，不斷地變換位置，從不同的角度去記錄鳳凰谷瀑布的動人表情。

　　在瀑布下方其實是相當清涼的，除了水流衝擊所漫起的水氣之外，還有被水流所帶動的山風，但是在臨潭拍照的過程中可能是精神緊繃著，所以感覺不到清爽，直到離開瀑布，整個人才頓時覺得舒服

▲五顏六色的雞蛋冰讓人暑氣全消。

起來，但是隨即迎接我們的是已經沒有路的陡峭山壁，因此回到觀瀑平台，我跟父親都累得氣喘吁吁、狼狽不堪。

　　然而儘管如此，我們還是得打起精神來，回到鳥園跟母親及姐姐會合，因此一路陡上雖然折磨人，但是一想到剛剛才順利地完成鳳凰谷瀑布的探訪與記錄，心情就顯得滿心歡然，而且更讓人高興的是，在通過吊橋之後的一處路口，我們竟然遇見園區的接駁車，頓時眼睛一亮，於是毫不考慮地就跳上車，然後輕鬆愉快地回到園區的商店街。

　　而當時，母親跟姐姐也正好在商店街逛著那些販賣藝品的小舖，她們看起來很開心，因為姐姐一直跟我們分享參訪鳥園的趣事，包括跟鳥兒的互動遊戲，而母親則詢問我們去探訪瀑布的經過，顯得十分關心。在商店街，我們發現很多商店都有賣雞蛋冰，而且很多遊客都人手一支，彷彿是當地的特產一樣，其實那只是一種雞蛋造型的冰棒，但是在那樣的氛圍下，加上剛剛才跟父親去探險歸來，所以為了慰勞自己的辛苦，我們也買了雞蛋冰來品嚐，讓那次的鳳凰谷鳥園之行有了一個甜美的回味。

吃足苦頭 波津加山

三角點旁有塊底下懸空的石頭，十分危險。

時間過得很快，不知不覺已經來到了大四了，學校規定我們必須到業界實習半年才能夠拿到畢業的學分，恰好有幾位同樣熱愛山林的朋友都選擇在台中實習，因此我們便立下一個目標，希望在實習結束之前，將台中頗負盛名的谷關七雄逐一攀登，不料實習已經一個多月過去了，不是這禮拜誰誰誰要回家，就是某某某要出外調查，竟然連一座山都沒有去爬，因而成為我們彼此調侃對方的話題，或許就在這樣的刺激之下，在一個星期五的下午，同學小德突然登高一呼，決定隔天要去波津加山，正式啟動我們攀登谷關七雄的計畫。

谷關七雄中排行老四的波津加山，海拔 1772 公尺，一直覺得它的名字很拗口難記，甚至到了登山口我還無法正確地唸出它的名字，真是失禮啊。後來在查閱相關資料的時候才明白，原來「波津加山」是取自台語的諧音「坡真陡」，雖然步道只有短短的 3.2 公里，但是卻有高達一千公尺的落差，全程的急陡坡可是會讓想要挑戰它的登山客吃足苦頭呢。

可能是年輕氣盛，也可能是之前爬過不少大山，心裡想，才 3.2 公里的路程，應該難不倒我們吧。於是抵達谷關之後，我們將機車停妥，接著走一小段山路來到登山口，隨即在那裡拍了幾張合照之後便開始埋頭苦幹的向前衝，只見步道從登山口開始便是一連串的下坡，這時心裡不禁暗自叫苦，接下來應該會有許多的上坡在等著我們。

果不其然，許許多多的考驗在後頭準備要折磨我們，走了大約半個小時，雖然腳步不慢，但是山路旁的里程牌才顯示 1K 而已，還走不到 3 分之 1 ！而且大夥的是走得臉紅氣喘，才沒多久我們的耐心就已經被磨掉了一大半，而且擺在前方的是連續不斷的陡坡，這時我們才慢慢地體會到，波津加山果然是不好惹的。但是面對著無止境的上坡，我們也只能一步一步的往上爬，途中還不時能夠聽見山腳下車輛經過的聲音，往下一看，原來谷關街上還近在咫尺呢，已經走到腿軟的我們，這時心裡不禁充滿疑惑，這 3.2K 到底有多遠啊？

雖然在過程中吃足了苦頭，但是波津加山是我們挑戰谷關七雄的

▲步道入口的警示牌，提醒著要來登山的遊客。

▲拉著繩、撐著膝，波津加山讓人吃足苦頭。

第一座山，可不能因為困難就打退堂鼓啊，所以大家彼此打氣、咬緊牙根，總算在中午時分抵達了山頂，但是同行的同學就在快到山頂的時候，發生腳抽筋的意外，把我們都給嚇出了一身冷汗，幸好經過休息與按摩之後就恢復正常。儘管順利登頂，但是山頭上被雲霧給籠罩著，完全無景可賞，只能趁著雲霧飄散的間隙試著張望。

　　一路攀登，雖然知道沿途的步道是利用台電的舊電桿所建造，但是在山頂上看到更多的電桿及鋼索，我們才深刻的體會到，當初那些台電工人的辛苦，只是輕裝簡便的我們都走得如此辛苦，昔日還沒有步道，那些材料與設備顯然都是要藉由人力才能搬上來，那是何等的艱辛啊，因此登上波津加山，心中不禁有種讚嘆與感恩的心情浮現。

　　身為森林系的一份子，到了山裡頭當然不能放過周遭的奇花異木。因此在三角點附近的稜線上，我們發現了許多的反刺苦櫧，顧名思義就是果實上長了反曲刺的殼斗科樹木，台灣只有在中部某些中海

▲不斷向上的碎石坡，走起來相當累人。

拔的山區才有，其他地方相當罕見，第一次看到它是在埔里的關刀山，沒想到在谷關的波津加山能夠一次看到那麼多的數量，真是讓人喜出望外，而此時，眼睛本來就不大的小德，卻露出一雙水汪汪的大眼睛，真是有趣。。

在山頂上略作休息，我們接著將學士服拿出來穿，並且在三角點旁拍了紀念照，也象徵我們征服了谷關七雄的第一座山，只是經歷了之前的折磨，大家應該不會有再來的念頭吧。在山頂還有另一團較為年長的山友在午餐歇息，除了請我們喝熱湯、吃水果，看到我們穿上學士服還興高采烈的恭喜我們，顯得相當熱情，於是一時之間，山頂上充滿了熱鬧與歡然的氣氛，這是屬於愛山的人才能夠深刻體會的熱情與感動。

原本準備要下山的我們，卻因為有山友的熱情款待，而不知不覺地又待了許久。吃足苦頭之後才爬上波津加山，一想到回程就讓人發愁，但是卻也不得不面對現實，因此只好勇敢地告別那群山友，

▲成熟的反刺苦櫧果實，內部果肉已被松鼠啃食。

開始往山下出發。上山時，陡峭的山坡已經把雙腿操得提不起力，而接下來面對那無止盡的下坡，則是換膝蓋遭受折磨，只好不斷的停下來休息，讓隱隱發抖的雙腳能夠舒緩一下。下午三點，我們終於回到了登山口，結束谷關七雄的第一次行程，雖然知道波津加山並不好惹，但是第一次造訪還是給大家上了一場震撼教育，看來我們還得再多加訓練才行。

征服爬波津加山那天剛好是中秋節，下山之後，我們原來要找間燒烤店來慶祝的，沒想到每間店都已經客滿，既然吃不到燒烤，那還是得吃點肉來補充體力，幸好火鍋店還有位子，於是我們就帶著飢腸轆轆和感覺殘破不堪的身軀回到了市區，然後享用登山之後特別美味的晚餐。

東卯山
標高 1690.5m

山友歡聚 東卯山

和女友在三角點處合影留念。

▲登頂前的峭壁,需要拉著繩索才能攀爬而過。

　　東卯山海拔 1690 公尺,是谷關七雄排行老五,在山頂上有著軍方所設置的三塊大型反射板,是十分醒目的人工建築,從附近的其他山頭都能夠看見其突兀的身影;然而儘管如此,在東卯山的山顛因為擁有 360 度的視野,加上攀登的難度不高,是一座平易近人的名山,因此相當受到山友的青睞。

　　女友的父母親也很喜歡爬山,在台中實習的期間,他們的登山車隊剛好打算到谷關露營,並且攀登東卯山,於是讓我跟女友得以趁機一探東卯山。造訪東卯山聽說有一個不成文的規矩,那就是山友都會將車輛停放在谷關大道院的停車場,然後再走一段路抵達登山口,因為登山口處的停車空間不大,加上迴轉不易,因此為了避免造成別人的困擾,時日一久,大家也就樂於遵守。

　　其實,將車子停在谷關大道院還有另一個優點,那就是山友若是爬山下來累了,可以捐點香油錢,然後在大道院裡洗個澡、吃頓飯,甚至是過夜歇息都可以,因此對於若干山友來說,當地除了是一處

▲中午時間，山頂擠滿了山友，熱鬧極了。

宗教聖地，也根本就是一處休息站。

從大道院到登山口，那是一段柏油路面，儘管有 1 公里多，但是在與女友打鬧嬉戲中，很快地就來到東卯山的登山口。進入步道之後，前段是台電公司為了維修電塔所建的道路，還算平緩好走，直到後段才有比較陡峭的坡道出現，因此一開始，我們便加足馬力，快速地向前推進，於是 0.5K、1K、1.5k 的標示牌很快地出現在步道旁，雖然加快腳步讓自己有點喘，但還不至於會累，其實比較討厭的，是途中有許多地方沒有樹蔭，所以在大太陽底下奔走讓人覺得燥熱。

幸好，攀登東卯山的沿途，有許多風景可以讓人停下腳步，一邊賞景一邊休息，譬如高壓電塔的平台、崩壁以及山壁上的萬年松等等，都是相當有看頭的，其中尤其是高壓電塔，因為步道是直接從電塔下方穿過，所以人們可以從底下往上張望，於是看見那些電塔的鋼條在上方交織成如網一般的圖案，感覺還滿新鮮的，加上不時

▲從三角點眺望大甲溪上游的風景。

可以聽見谷關大道從山腳下傳來的悠揚的鐘聲,讓人心中頓時有股莊嚴與祥和的感覺。

和先前爬過的波津加山相比較,造訪東卯山真的明顯輕鬆愉快,唯獨漫長的之字形山徑讓人走來心浮氣躁,於是有些山友為了節省時間,便在上下兩條山徑之間硬是走出一條可以直上的捷徑,雖然相對距離近了許多,但是卻也因為陡峭而容易發生意外,有些地方甚至踏點少且濕滑,一不小心就有摔落的可能。

要登頂之前有一段碎石坡,必須手腳並用才能攀爬而上。可能是基於年輕氣盛,也可能是一開始就加快腳步,所以要登上山頂之前,心裡總有一種感覺,我跟女友應該會是登山車隊最早到達的成員吧,不料當我們登上山頂,眼前竟是滿滿的山友,或泡茶聊天,或烹煮午餐,甚至還有逗弄小狗,宛如就像一處菜市場,顯得人聲鼎沸、擁擠不堪,因此我們好不容易才找到一處空隙,得以欣賞周遭群山環繞、雲霧飄渺的美麗景色。

▲生長於峭壁上的萬年松，因為水氣不足而顯枯萎。

　　來到東卯山，也有一些人會繼續挑戰另一側的德芙蘭步道，那同樣是台電用來維修電塔所建造的步道，全長大約三公里，雖然彼此有一段距離，但是因為兩條步道之間有山路相通，所以有人會將兩者串連起來，當作是一天的行程來完成。德芙蘭在泰雅族語的意思，是有許多湧泉而適合人類居住的地方，也是松鶴部落的舊名；記得以前曾經跟著父親到過德芙蘭步道，為的是要尋找一種名為青栲櫟的殼斗科樹木，其數量與分布範圍，比起之前去波津加山所看到的反刺苦櫧是更稀少且更珍貴，另外在德芙蘭步道的入口處，還長著許多的青剛櫟，而且有趣的是，果實的大小形狀竟然都不一樣，讓人感到疑惑不解。

　　在山頂上用完午餐，天空竟然開始下起毛毛細雨，逼得我們只好趕緊收拾物品，並且匆匆忙忙地下山，然而雨神似乎不想輕易放過我們，也跟著大夥回到山下；下午大約2點，我們抵達停車場，趁著車隊其他山友還沒下山，我們先到谷關大道院洗個熱水澡，除了

洗去一身的疲憊，也洗去屬於雨水的濕冷。

　　等車隊的其他山友都回到停車場，並且逐一地梳洗完畢之後，我們便驅車前往另一處廢棄的工寮，儘管簡陋荒涼，但是仍能遮風避雨，而且更重要的是，只見大家紛紛從車裡拿出摺疊桌椅和食物，甚至還有一些獨門的野營器材，將那處工寮佈置得分外熱鬧與溫馨，接著大夥開始閒聊說笑，儘管外頭下著冷冷的雨，但是大家的內心卻是溫暖的。

　　濕冷的山林，夜色總是來得特別快，記得不久前才在東卯山的山頭用過午餐，一群人馬上又開始為晚餐而忙碌起來，接著在晚餐之後，男人們還小酌一番，大家才心滿意足地回到各自改裝過的廂型車裡休息，雖然沒有舒適的旅店可以過夜，也沒有山珍海味可以享用，但是能夠和一群志同道合的朋友一起遊山玩水，那是再多錢也買不到的回憶和際遇。

刺果 險稜 白毛山

在白毛山，我們遇見滿地的大葉苦櫧果實。

▲白毛山登山口，底盤較高的車輛才能夠抵達。

　　經常爬山的人應該都有過這樣的矛盾心情，那就是當一個人正在爬山時，心裡總是會嘀咕著，自己怎麼會那麼無聊，跑到荒郊野外來折磨自己，但是下了山之後，卻又會開始想念起那些爬山的時光，真是無可救藥啊。完成波津加山和東卯山之後，又過了一段沒有山可爬的日子，於是雙腳不禁又開始癢了起來，於是我們選擇造訪白毛山，用以安撫對山的渴望。

　　海拔 1522 公尺的白毛山在谷關七雄裡排行老六，雖然高度不高，但是因為地形特殊，加上難度不高，而且展望視野和東卯山不相上下，因此是相當熱門的一座名山。但是要通往登山口的林道，由於路面狹窄而且維護沒有很完善，因此開車來的山友大多會把車子停在山腳下，然後再走 2.7K 的距離來到登山口，而這時，以機車為交通工具的我們總算佔了點優勢，可以直接將機車騎到登山口，節省了一個多小時的路程。

　　從解說牌的內容得知，從登山口算起約 2.3K 就可以抵達三角點，

▲驚險的稜線，是白毛山最有特色的地方。

雖然路程不遠，但是一開始的 1K 路況相當陡峭，幾乎是一路直上，讓人爬得氣喘吁吁，所幸沿路都有樹蔭遮陽，累了就休息一下再出發，還不至於酷熱難耐、狼狽不堪；而且過了 1K 之後上到稜線，景致整個轉好，先是可以看到大甲溪上的發電廠、谷關大道院以及先前爬過的東卯山，而且隨著高度的持續爬升，還可以看到更遠的東勢與豐原地區的城鎮，那種居高臨下的感覺實在令人身心舒暢。

除了風景令人著迷，沿途的大葉苦櫧也讓人驚奇，屬於殼斗科樹木的大葉苦櫧每年在秋冬時分會結果，在白毛山上的大葉苦櫧數量極多，大量的落果在地面形成壯觀的畫面，但是看看就好，因為大葉苦櫧的果實上長滿了細刺，不小心摸到可是會讓人痛得哇哇大叫，因此，對於山林裡以殼斗科果實為食物來源的動物深感敬佩，包括松鼠、猴子、黑熊及鳥類等，因為它們沒有特殊工具，但是卻能順利吃到裡頭的果仁，真是厲害到不行。

說到白毛山的特色，造訪過的人大概都會認為是抵達三角點之前的那一段崩塌地，其實那段山嶺，在民國 88 年的 921 地震中，因為兩側土石的嚴重崩塌，目前只剩下中間的脊稜可以通行，之後為了提供山友一個安全的通道，林務局在可以通行的步道兩側加裝木椿，因而成為白毛山十分特別的景點，甚至是拍照打卡的熱點。

雖然在脊稜上有裝置保護木椿，但是走在上頭仍然讓人戒慎恐懼，因為兩旁斷崖的下方是深不見底，加上當地的地質顯得脆弱，而且還偶有山風吹襲，因此拍了幾張相片之後便趕緊通過，隨即再爬個十來公尺，就已經可以看到三角點在前方。抵達三角點時已經接近中午，所以山頂上有不少山友已經煮好豐盛的午餐，誘人的香氣惹得我們飢腸轆轆，但是我們沒有那樣的美食，只能拿出背包裡的餅乾出來暫時止飢，然後除了賞景之外，我們也同時將學士服拿出來穿著拍照。

比起先前的波津加山，白毛山之行算是輕鬆，所以還沒鐵腿的我們，在拍照的時候還有心情擺出各種搞笑的姿勢，心情顯得愉快，連帶的，讓我們覺得當地的風景十分迷人，因此在山頭短暫逗留之後，我們便慢慢地往回走，慢慢地咀嚼當地的山林之美，所以回到

▲在三角點拍學士服照，是大四出遊的例行公事。

▲美味多樣的山東料理，讓大家吃得盡興滿足。

登山口已經是下午三點多了，由於在山上我們只吃一點餅乾來止飢，所以下山之後肚子早已餓得咕嚕咕嚕叫，因此趕快找東西來吃，一時之間比甚麼都來得重要。

之前我們全家前往谷關時，曾經在途中的一間小吃店用餐，那是道地的山東美食，販賣著牛肉麵、酸辣湯、水餃及蔥油餅等食物，而且物美價廉，深受一些饕客的喜愛。而小吃店就在麗陽營區對面的聚落裡，是一間卡拉 OK 店所改裝而成，因此店內還有舞池、皮沙發及舞台燈，記得第一次去那裡用餐，就對屋內的裝潢擺設留下深刻的印象，加上東西真的好吃，因此我們全家之後還曾經多次造訪。

從白毛山下來，我帶著同學們前往那間小吃店，雖然時間剛好在午餐和晚餐之間，顯得有些尷尬，但是老闆仍然相當熱情地招呼我們，並且親切的跟我們噓寒問暖，而且得知我們剛剛從白毛山下來，還很開心地跟我們介紹谷關附近的其他山頭，推薦我們下回可以去

挑戰看看，因此在填滿肚子之外，大家還聊得十分盡興呢。

　　後來回到台中的租屋處，透過電腦螢幕看著當天所拍的照片，儘管幾個小時前才剛從山上下來，但是人就是這樣，看著看著又想要去爬山了，但是很可惜，在業界的實習即將結束，原本想攀登谷關七雄的計畫還沒達成，我們就必須離開台中，不過留得青山在，不怕沒柴燒，剩下的四座七雄，我相信總有一天會逐一去拜訪。

一日單攻北大武

高聳入雲的大武神木，令人肅然起敬。

▲天色漸漸轉亮，我們才驚覺已經爬了那麼高。

凌晨出發，摸黑上山

　　北大武山，台灣五岳之一，海拔 3092 公尺，雖然高度在百岳裡屬於後段班，但其氣勢、地位、規模卻是名列前茅，更是台灣南端唯一 3000 公尺以上的高山，每當颱風、東北季風來臨時，挺拔聳立的北大武山總是扮演著保護高屏地區的角色，因此有「南台灣屏障」的稱號。

　　記得剛剛到屏科大就讀時，對於學校周圍的環境還不是太了解，但是卻早已耳聞北大武的名字，除了每天騎車上學的途中會看到它那宛如巨牆橫陳的身影，在學校更有「畢業北大武」的傳統，也就是在畢業前，同學們都要到北大武山去走一遭，象徵完成屏科大的學業，可見其重要性。

　　先前原本要去北大武採集植物，但是卻因為沒有申請而無法進入，後來，剛好女友的父母親規劃要來北大武探訪，讓我們可以趁機一

▲千奇百怪的鐵杉林，是途中的一處亮點。

同上山，但是在事先申請入山證和山屋時，卻因為碰上跨年前夕的熱門時期，許多山友為了要在北大武山欣賞第一道曙光，大家對於當地的檜谷山屋可說是搶破頭，於是在僧多粥少的情形只好抽籤，但是十分可惜，我們沒有抽到，於是在沒有山屋可以住宿的情況下，我們決定改成一天的單攻行程，雖然會很累，而且不一定能走完全程，但是我們都知道安全最重要，一切隨遇而安，畢竟山永遠都在。

　　前一天晚上，女友的父親開車載我們到新登山口處紮營，由於先前風災暴雨讓道路毀損嚴重，原本可以開車抵達的舊登山口，現在只能夠靠步行抵達，硬是多出了 2.8 公里，增添了挑戰北大武的難度。當時要爬山的人相當多，在狹小的產業道路上好不容易才找到停車位，搭好了帳篷我們便趕緊休息，免得影響隔天的精神，而且在睡前我們還進行了些討論，女友的父母親不想太操勞，決定等天亮再啟程，而我跟女友則是凌晨 2 點出發，希望趕在天黑之前下山。

　　北大武山對於魯凱族及排灣族來說是其祖靈歸宿的所在，在他們

▲上了稜線之後，北大武山就在前方等著我們。

▲從鐵杉林往下眺望，是美麗的雲海景象。

的心目中是一座相當神聖的山，行前我們雙手合十祈禱，希望祂們能保佑我們平安順利。半夜兩點，我們正式踏上了前往北大武的山路，一開始的路段因為有頭燈的輔助，走起路來視線還算清楚，加上不久前才走過那一段路，所以沒有太大的困難，加上身上揹的是輕裝，因此我們走得很快，花不到 40 分鐘便來到了舊登山口；來到檢查哨，就在我們將入山證投入信箱的當下，突然發現旁邊有一個人正直視著我們，心想天啊！該不會是遇到了什麼東西吧，幸好！只見他一聲不響地又躺下繼續補眠，這時我們才發現，原來有許多山友就在一旁的地面上睡著，看來他們也是要趁早登頂的，為了不打擾他們，我們悄悄地加速離開。

　　從舊登山口開始，海拔高度逐漸提升，持續陡上的山路讓人有點吃力，加上途中還有幾處大峭壁要通過，必須謹慎小心，而且夜裡視線較不清楚，在登山的過程心理難免會有些許壓力，於是在漆黑如墨的山林裡，我們沉重的腳步及喘息聲似乎驚醒了正在熟睡的山

羌，因而從森林裡傳出近似憤怒的叫聲，彷彿是在警告我們要趕快離開它的地盤，於是一時之間，行色匆匆的我們只希望能夠趕快天亮。

拉著繩子爬上 3.8K 的一處平台，可以看見上頭有一塊標示牌，原來是到了「喜多麗斷崖」觀景台，那塊平台因為視野良好，加上四周沒有植物遮蔽，因此被山友稱為「光明頂」，是北大武山可以欣賞雲海日落的絕佳景點之一；雖然在夜晚看不到那樣的景色，但是卻可以欣賞山底下的雲霧，因為屏東平原的萬家燈火而顯得通紅，也算是額外的收穫。

就在光明頂上短暫逗留並欣賞美景的同時，突然聽見有人從山上走下來的聲音，讓我們嚇了一跳，看了一下手錶，剛好是凌晨四點，我們和他打聲招呼，他也相當親切的和我們聊了幾句；心裡想著，我們凌晨上山已經不太安全，竟然還有人半夜才下山，真是令人佩服，而那位大叔說他一個禮拜會來爬北大武二至三次，因為白天遊客太多、太吵了，所以都選擇晚上爬山，我們聽得哭笑不得以致印象深刻，不過更讓我們難忘的是，他說他要趕快下山，免得耽誤上班，只能說那位大叔的精神跟毅力真是令人嘖嘖稱奇啊。

繼續前行 200 公尺，來到了前往三角點及檜谷山莊的岔路口，時間已接近 5 點，由於之前的路段沒有消耗過多的體力，所以我們繼續朝著三角點前進，來到 5.4K 的大武神木時，天色才漸漸轉亮，而此時我們不經意地張望，竟然可以看見山腳下的風景，甚至連海上的小琉球都看得一清二楚，沒想到我們已經爬到那麼高的地方了，於是讓我們決定在當地吃早餐，順便欣賞夜色退去之後屬於北大武的第一場風景。

屬於紅檜的大武神木，高約 25 公尺，樹齡超過了 1000 年，是登山步道上一處十分迷人的景點，但是當時氣溫頗低，所以用完早餐之後我們沒有停留太久，便繼續趕路。離開大武神木之後，當地的森林換成鐵杉為主角，而且一路綿延至稜線；泰雅族人稱呼鐵杉為 Yapa，就是父親的意思，我想那是因為鐵杉高大雄壯的身軀，就像父親一樣可以讓人依靠吧。

▲較難通過的地方必須拉著繩索才能通過。

成功登頂，滿滿感動

通過鐵杉森林，朝陽已經整個浮出山頭，歷經 5 個小時的奮鬥，我們總算抵達了稜線，從上往下眺望，中央山脈就像是一把刀將台灣給分割成兩段，東側是雲霧繚繞的情景，而西邊則是萬里無雲，隔著一座山，兩邊竟是截然不同的風景，讓人深深的體認「南台灣屏障」果然名不虛傳。從黑夜到天亮，隨著陽光的逐漸清亮，不但給我們帶來溫暖和美好的心情，也讓我們更有信心可以繼續前進。記得父親曾經提醒過我，越是接近目標越是要小心，否則會因為一時的鬆懈而前功盡棄，因此在起起伏伏而且潮濕的稜線上，我們依然小心翼翼、步步為營，要不然跌落到一旁的玉山箭竹叢裡，那可是會讓人痛的眼淚直流呢。

在抵達三角點之前，我們經過大武祠及高砂義勇軍紀念碑，根據資料的記載，大武祠建於西元 1931 年，一開始是建於北大武山的山

▲年久失修的大武祠，見證著北大武山的一段歷史。

頂處，但是遭到原住民的強烈反彈，畢竟北大武山是他們心目中的聖山，更是祖靈所居住的地方，但是日本人仍然執意興建，後來或許是因為祖靈的靈驗所致，興建後的大武祠多次遭到天災的重創而損毀，於是才遷移至現址。而高砂義勇軍紀念碑則是為了紀念在二次世界大戰中犧牲生命的原住民，儘管他們是因為日本政府的徵召而失去性命，但是在北大武祖靈的庇護下，相信其靈魂早已安息。

　　大武祠是一個制高點，在當地已經可以看見三角點就在前方不遠處，雖然感覺近在咫尺，但是卻還有 1KM 的距離，而且途中有好幾個山頭需要克服，但是我們還是在早上 9 點，順利抵達北大武山的三角點，經過 7 個小時的奮鬥，我們終於爬上北大武山崢嶸的頂端，當時心中激動非常。於是在山頭上，我們興奮的就像小學生一樣，好奇地四處張望，當時天氣極好，所以山底下的城鎮都清晰可見，屏科大、屏東市區甚至連高雄都看得見，而往北望，則可以看見宛如金字塔般的關山及玉山，至於東部則是一望無際、百看不膩的雲

▲本書作者和女友在三角點合影留念。

海，景色絕美非常；據說幸運的話，還可以一次把台灣海峽、巴士海峽以及太平洋給看的過癮。

在登山途中認識一位山友，他也隨後登上山頂，由於景色迷人因此讓他心情大好，於是拿出了背包裡的高山爐，煮起他自稱十分拿手的紅茶要跟我們分享，並且開始說起他許多登山的陳年往事，紅茶好不好喝是見仁見智，但是在海拔三千多公尺的高山上還能夠喝到熱騰騰的紅茶，那還真是一種幸福的際遇，不過卻也因為喝了人家的紅茶，我們只好充當對方小劇場裡的唯二觀眾，聽著許多我們都還沒出生時所發生的故事，於是在三角點旁逗留了一個小時，才帶著一肚子的茶湯下山。

回到大武祠，已經是上午 10:30 分，有許多的登山隊已經在那裡煮起了午餐，看樣子應該是晚上要睡在檜谷山莊的山友們，但我們沒有那種閒情逸致，畢竟下山的路還很長，我們都不想摸黑才下山，於是繼續趕路，抵達最後水源時，又遇見一群山友也在那裏享用午

▲從山頂上可以眺望底下的山巒及遠處的海洋。

餐,其中有一位阿姨跟我們親切地打招呼,經過短暫的閒聊之後才發現,原來他們便是我們凌晨要上山時在檢查哨不小心給吵醒的那團,頓時真是讓人感到抱歉,不過他們仍然十分熱情的邀請我們一起中餐,可惜因為時間的關係,只好婉拒了。

　　回到大武神木,女友突然聽見父親的呼喚,原來是他們也抵達了當地,一時之間,女友的父母親看見我們平安地歸來都顯得相當興奮,而且詢問我們有沒有走到三角點?女友遂詳細地描述一路的經過,表情盡顯欣然得意,緊接著,我們便轉往上山時沒有機會去探訪的檜谷山莊。雖然上山前沒能抽到籤,無法在檜谷山莊過一夜,但是去看看也算是一種補償。

　　隨即,我們便持續趕路,雖然下山要比起上山輕鬆許多,但是路途遙遠,加上肚子飢餓著,背包裡原本裝滿滿的食物已被我們吃得只剩下幾顆糖果,因此最後讓人有種體力透支、力不從心的感覺,甚至雙腳還不受控制地發抖著。

▲雖沒能住宿，但我們仍然進去參觀的檜谷山莊。

　　直到下午 4 點，我們才終於回到了新登山口，艱難而且痛苦地結束長達 14 個小時的挑戰，因此放下行旅爬上車，才不管路況有多惡劣，車子搖晃有多厲害，馬上倒頭就睡。

　　真的，一日單攻北大武實在是太累了，因此完成北大武的攀登之後，我和女友都有了一致的共識，那就是短期之內不會再有想要造訪北大武的念頭，就算有，也要確定有抽到山屋才可行，因此要感謝山神以及祖靈的保佑，讓我們一路平安順利，而且還能遇見許多美麗的風景和山友，當然更要感謝的，是女友父母親的幫忙和支持，讓我們第一次造訪北大武，心中盡是滿滿的感動

初訪玉里野生動物保護區

穿著雨衣走在森林中，既保暖又可以隔絕雨水。

▲大家於瑞穗林道 17K 處合影，準備開始攀登。

挑戰的開始

　　由於興趣的關係，在學校加入了和森林調查有關的研究室，因此必須常常到山上去進行植物調查，以了解一些森林的狀況及資料。民國 106 年，研究室接到了一份林務局的委託計畫，目的是要調查位於花蓮玉里的野生動物保護區內的植群生長狀況，剛剛獲悉那樣的訊息，心裡其實是相當的期待，畢竟沒有去過那麼遠的地方，但是在進一步瞭解計畫的內容之後，大家就開心不起來，因為在農曆大年初五，心裡還沉浸在年節的歡樂氣氛的同時，我們就已經回到學校整裝，準備迎接長達 10 天的調查挑戰。

　　從學校到花蓮玉里，光是車程就要花去半天的時間，因此為了節省時間，我們一行人前一天就先借宿在老師位於台東的老家，當時因為有寒流來襲，所以還沒上山，我們就已經把最厚的外套都給拿出來穿，幸好老師及師母煮了一桌熱呼呼的佳餚來招待我們，到現在都還可以記得，那入口即溶的滷豬肉和貢丸湯的美味，畢竟接下

▲同學們在泥濘的林道中行走的背影。

來的好幾天,我們都很難再吃到那樣的美食。

　　隔天一大早天還沒亮,我們一行人就乘車先來到林務局玉里工作站,了解最近的路況及山區的情形,接著再到瑞穗林道前的派出所繳交證件;派出所的員警相當謹慎,仔細的核對資料,並且叮嚀我們:「上山要多多小心啊,上個禮拜才有一團出事。」不說還好,說了讓大家都在心頭蒙上一層陰影,一時之間人人表情凝重,顯得戰戰兢兢。

　　循著瑞穗林道逐漸的深入山區,前方的路況是柔腸寸斷、崎嶇難行,車內的裝備因為顛簸而東倒西歪,而在車上的我們當然也是暈眩難過到不行,不過緊張的心情倒是隨著頭暈而減緩許多。瑞穗林道全長 34 公里,林道的終點可以通往南三段,因此會吸引許多山客前來朝聖,另外,當地曾因開採大理石而繁華一時,沒落之後林務局在當地進行造林,並且設置「玉里野生動物自然保護區」用以維護當地的生態環境。

▲清澈見底的溪水，是途中一處迷人的風景。

　　抵達林道 17k 的地方，車輛已經無法再前進，因此我們將沉重的裝備搬下車，同時進行最後的確認，等一切就緒完畢，大家便在入口處雙手合十，祈禱山神能夠保佑我們平安順利；隨即，大家便揹起沉重的背包，開始踏上充滿挑戰的未來。林道一開始平緩好走，兩旁的人工柳杉高大挺拔，讓林道內十分的陰涼舒服，因此從 17k 到 19k 的距離很快便抵達，而當時已經接近中午，因此大夥就在樹蔭下午餐，用以補充能量和體力，因為困難的路段即將要開始。

　　19k 過後，因為之前的天災讓路跡消失，加上野草灌木橫生蔓長，因此我們必須一邊探索、一邊開路，偶爾還得依靠 GPS 來幫忙，才不至於迷失方向；加上當地螞蝗肆虐，大家隨時得注意是否有被螞蝗附身吸血，因此整個心情盪到谷底。在原始森林裡，因為有些地方崩塌所以要進行高遶，或者因為途中有橫倒的巨木，逼得我們必須匍匐前進而滿身泥濘，真是苦不堪言，儘管拿著 GPS 的學長總會適時地大喊：「快要到了！」用以激勵我們，但是我們心裡很清楚，

▲途中因為林道崩壞,所以必須在原始林中上切高繞。

學長在不久前已經說過很多次同樣的話,於是就在那種既沮喪又痛苦的情況下,我們從中午走到了下午 5 點多,總算抵達了位於 28k 的工寮。沒有仔細看,還真看不出那是一間工寮,四周雜草叢生,就連屋頂也長滿了一大片的野草,長度都快要把建築物給淹沒了;但是在那種深山,能有個遮風避雨的地方,其實已經讓人覺得欣慰了,甚至還有山友說那間工寮是南三段的豪華飯店呢。

趁著天色還沒黑,大家各自分工,有的負責煮飯,有的則去取水,而我則到附近尋找木材來生火,大夥忙碌一陣之後,天色已經完全暗了下來,大家就圍聚在狹小的工寮裡吃著溫暖的晚餐。其實在登山的時候,吃飯是有規矩的,那就是輩份低的人必須等師長或前輩取用之後,才能輪到他們,而且每次裝的飯菜不能太多,採取一種少量多次的方式,避免有些人到最後沒有東西吃而餓肚子。

晚餐之後,山區的氣溫逐漸降低,這時厚重的外套已經無法禦寒,因此大家將隔天的行程確認完畢之後,便趕緊鑽進睡袋裡準備入睡;

幸好有水泥外牆擋著，寒風還不至於直接登門入室，但是建築物真的是太過老舊了，有人睡到一半還被掉落的天花板碎片給砸中，引起一陣騷動，真是令人哭笑不得。

基於安全，計畫改變

第二天，天色未亮，就已經依稀聽到有人在煮早餐的聲響，過沒多久，更進一步聽見學長呼喊大家起床的聲音，才早上五點多，氣溫非常的低，實在讓人提不起勁來，甚至連要離開溫暖的睡袋都不太甘願，心裡有一股想要躲在角落繼續睡覺的衝動。

但是最終理智還是戰勝衝動，大家紛紛地從睡袋裡鑽出來，然後睡眼惺忪地吃著早餐，儘管我們的早餐只是一顆小饅頭加上熱湯，對有些人來說可能分量不足，但是在寒冷的深山，能夠吃到熱騰騰的食物其實已經讓人相當的感動了。隨著天色逐漸亮起，我們將所有的裝備整理妥當，同時也將垃圾一併帶走，好讓之後前來使用工寮的山友也能享有一個乾淨的環境，接下來，大家聚集在外頭的空地做起暖身操，雖然四肢都活動著，但是大家的表情都很像，因為眼睛都瞇成一條線，似乎都還沒有睡醒似的。

暖身完畢，我們隨即揹起背包，開始當天的行程，但是才走沒多久，休息了一個晚上的肩膀，很快的又恢復和昨天一樣痠痛，幸好28K 之後沒有要高遶的地方，平緩的上坡走起來還不至於太過累人，而且沒有很遠的距離便看到了「玉里野生動物保護區」的標示牌，從那裡開始就進入了調查的範圍，所以大家各自按照自己的能力進行分組，有的負責認樹、有的負責記錄、有的負責測量、有的挖取土壤等等，大家各司其職在樣區塊內進行調查，由於配合的很好，所以每個樣區大約 10 分鐘就能完成。

除了進行植群調查，我們也必須繼續趕路，以免天黑之前到達不了預定要紮營的地方，接下來，在 32K 的地方遇見一塊空曠的平地，當地還殘留著以前開採大理石的工人所住過的工寮，另外也有彈藥庫，甚至連土地公廟都有，不難想像當地昔日的熱鬧，然而令我們

▲位在 28K 處的工寮，是我們過夜的地方。

訝異的是，以前開車就可以抵達的地方，如今竟然花了我們那麼多的時間和力量才能到達，當地環境改變之大，讓「人定勝天」這句話在那裏顯得一點說服力也沒有。

　　雖然土地公廟內的神像已經被請走了，但我們還是聚在廟前拜拜，希望土地公能保佑我們一切平安順利，因為接下來的路程，我們進入了大理石岩壁區，也就是以前工人開採大理石的地方，那裡的地質相當的脆弱又寸草不生，而且岩壁下方的山路起起伏伏，加上一旁是萬丈深谷，除了要手腳並用、小心翼翼，同時還得注意身上的背包不能夠碰撞到岩壁，以免造成反彈而讓人跌落谷底，因此一路走來驚險萬分，然而儘管如此，第一次近距離目睹那麼大片的大理石岩壁，心中還是不免為它的壯觀而暗自讚嘆；等到大家都有驚無險的通過那處大理石岩壁，我們隨即又做起了調查，跟匆忙趕路相比較，停下腳步來進行植群調查算是一件幸福的事，因為可以趁機偷懶休息，也可以拿出零食來補充體力。

▲沉重的大背包讓人走起路來十分艱辛。

　　接近中午時分，距離林道的終點只剩下一小段距離，所以大家沒有停下腳步來休息，反而是提起勁來繼續趕路，通過了林道終點之後，擺在前方的是通往南三段的鐵線斷崖，當地相當險峻，而且曾經帶走多條人命，加上天災的肆虐讓當地的路況是更加危險重重，因此，山友們後來開了一條新的高遶路線，避開了危險的地段，為了安全起見，我們當然也選擇高遶的路線前進走，隨即抵達一塊平坦的野地準備午餐，而此時老師突然叫大家集合，說有重要的事情要向大家宣布。

　　原來是隊伍的行進速度與預期有所落差，可能是裝備太多過重，加上同學中有人的體力已經不堪負荷，進而導致調查的進度落後，如果繼續下去，恐怕無法到達預定的地點，因此為了安全起見，也為了計畫的執行，老師做出了決定，要讓一部分的同學先行下山，把多餘的裝備和食物也一併帶下去。當大家聽到了這樣的宣布時，有的人臉上遂綻出了笑容，十分開心終於可以下山了，但是當我也

▲崩毀的林道，讓大家必須小心翼翼才能安全通過。

被老師列入要先行下山的名單時，心中還是難掩失落的心情，畢竟以後要再訪當地的機會不多，實在不想就這樣半途而廢。

但是老師的決定已經無法改變，除了將背包裡的東西全部拿出來重新分配，而且還指示我們在那塊空地紮營，要把多出來的食物拿來充當那天的午餐和晚餐，要下山固然心有不甘，但是一想到接下來的豐盛大餐，心情也就不再那麼難過，於是在準備午餐的同時，其他人則在一旁搭起了營火，讓原先匆匆趕路的緊張氛圍，頓時煙消雲散，一時之間就彷彿是參加救國團的文康活動一般，大家都顯得輕鬆歡然。

原本充滿挑戰的植群調查計畫，突然變了調，於是讓我們在深山裡度過了一個歡樂的下午，甚至有人還喝起下午茶來，真是愜意得很。就連晚餐之後，大家仍然圍在營火旁邊取暖，而且大家要輪流講述自己的私房趣事，逗得大家笑聲連連，甚至還有人刻意講鬼故事來嚇大家，說甚麼除了我們之外，在營火的四周還有更多的朋友，

▲迷人的捲斗櫟果實，是森林裡令人意外的偶遇。

在黑暗寒冷的山裡頭，果真讓大家覺得毛骨悚然，於是紛紛逃回帳棚裡睡覺，唯恐那些朋友也圍過來要跟我們聊天。

歷盡艱辛，順利下山

　　有別於前兩天陰暗的天氣，第三天的上午竟然出了大太陽，金黃色的陽光照映在對面的馬博橫斷，馬西山、喀西帕南山等山頭都看得一清二楚，也預告當天會是一個好天氣，然而儘管如此，同一隊人馬卻有著兩樣情，因為有些人要繼續接下來更艱困的行程，而另一批人則難掩興奮地準備下山，因此我們只能彼此加油鼓勵，希望留下來的同學能夠一路順利平安，同時幫我們把計畫完成。用過早餐，要下山的我們要負責把營地整理乾淨，好讓另一批人可以提早出發，在相互擁抱過後，我們掏出所有的保暖物品給對方，然後才看著他們慢慢地離開。

　　隨即我們整理營地，並且做了簡單的伸展操之後便開始下山，雖然心情看似輕鬆，但是要在天黑之前走到 17K 的地方，連續 7 至 8 個小時的路途其實一點也不輕鬆。老師要離開前有交代一位較有經驗的學長負責帶我們下山，他可能是看到同學們都沒什麼精神，於是為了激起大家的鬥志，答應在下山之後要請我們吃雞排和珍珠奶茶，於是一時之間，行進速度加快了不少，隨即又有驚無險地通過那處大理石岩壁，接著抵達一處視野不錯的地方，可以望見遠方的花東縱谷以及海岸山脈，兩天前因為急著趕路而錯過的風景，沒想到因為天氣放晴而讓我們得以一一瀏覽。

　　短暫的休息之後，我們又進入林道之中繼續前進，但是漫長的路途以及體力的下滑，讓我們原本高昂的鬥志逐漸消失，加上雙腳長時間的操勞，讓行進的速度越來越慢，休息的次數也開始增加，甚至有些人已經開始覺得走不動，於是膝蓋痛的痛，喊累的不斷喊累，整個隊伍就像似剛剛打敗仗一樣，垂頭喪氣、狼狽不堪，加上途中還有會吸血的螞蝗在一旁虎視眈眈，因此讓人覺得一公里的林道就像有十公里那麼長，怎麼也走不到盡頭。

　　但是一想到另一批的隊友還在山裡頭奮戰，我們怎麼可以那麼不爭氣呢？更何況下山之後可能有美味的雞排和珍珠奶茶在等著我們，因此彼此激勵、互相鼓舞，大家咬緊牙關地硬撐下去，於是就這樣，我們一路走走停停，從早上 7 點走到下午 4 點，總算回到了 17k 停車的地方，而當下，有的人因為頭昏眼花而兩眼無神，也有的人因為體力耗盡而一臉虛脫，但是將超級無敵重的背包卸下之後，飽受折磨的肩膀也因而獲得釋放，接著大家的臉上也才開始有了表情。

　　其實，在下山的過程中，老天爺一直是眷顧著我的，因為回到停車的地方，天空才又下起了濕雨，沒有在我們狼狽不堪的途中多加折磨，實在是值得感恩啊。因此趁著雨勢還不大，大家趕緊將裝備擺上車，然後準備離開瑞穗林道，但是當地的路況實在糟糕又危險，加上擔心開車的學長會因為疲勞而精神不濟，於是大家勉強打起精神，你一言我一句地在車上聊起天來，但是大家真的是累壞了，等

▲只能夠讓一人通過的小徑，底下便是懸崖。

▲我們慢慢地通過地勢險峻的大理石區域。

▲在原始森林中驚喜不斷，橙腹樹蛙便是其中之一。

到車子開出林道，大家便突然安靜下來，因為一個一個早已經昏睡過去。

突然，耳邊響起學長叫喚我們的聲音，原來是到了玉里市區，由於中午沒有吃正餐，只是簡單的食物果腹，所以大家早已餓壞了，因此無不期待學長能夠兌現他在山上的承諾，果然學長是講信用的，大大方方地掏出鈔票來請我們吃雞排和珍珠奶茶，雖然不是甚麼山珍海味，但是在歷經山林的折磨之後，能夠吃到文明世界的誘人美食，那真是令人激動甚至是落淚啊。

而接下來，學長在花東縱谷上慢慢地開著車準備回到台東，而我們則在車上滿心歡喜地吃著雞排，儘管有美食可以暫時止飢，但是大家顯然沒有從疲憊中恢復過來，精神依舊渙散，體力仍然疲弱，全身上下似乎只有眼珠和嘴巴還能夠動，於是吃完雞排、喝完奶茶，不知不覺中，我們又再一次昏然入睡，如今回想起來，真是對不起學長啊。

再訪玉里野生動物保護區

積著白雪的溪谷，一點水流也沒有。

▲掛滿著裝備的揹架上，還有白雪來點綴。

冰雪來得意外

　　民國106年寒假到花蓮「玉里野生動物保護區」所執行的調查，由於期程是兩年的計畫，因此107年，我們還得再一次到保護區內進行後續的工作，雖然內容看來沒有上次的困難，而且只要走到瑞穗林道28K的工寮就可以，加上天數也不長，似乎讓人放心許多。

　　但是老天爺總是喜歡捉弄人，兩次到那裡去都剛好遇上寒流來襲，上一次已經體驗過寒風刺骨的滋味了，因此107年我們只好帶足各式各樣的厚重衣服，雖然重量增加不少，但總比在山上挨凍受寒來得好，只是還沒上山，平地的溫度只剩下個位數，若以每100公尺下降0.6度的方式來計算，那麼山上的溫度可能會在零度以下，光是想像就已經讓人渾身發抖，因此前往花蓮瑞穗林道的途中，心情是有些忐忑的。

　　車子進入依舊崎嶇難行的瑞穗林道，隔著車窗，我們看著路旁公里牌標示的數字逐漸增加，表示我們距離文明已經越來越遠，儘管

▲滿山滿谷的雪景，彷彿置身於國外，美麗極了。

去年已經造訪過一次，但是那次的經歷實在苦不堪言、印象深刻，因此心中還是難免會有些耽慮。突然！我們看見一隻帝雉，動也不動地停在林道中間休息，學長連忙踩了煞車，只見那隻帝雉這時才不疾不徐地繼續向前走，似乎完全沒有察覺身後有怪物逼近，依然悠閒地走了一段路才躲進草叢裡，這幕畫面讓車上的我們都深覺有趣，因而讓心情驟然輕鬆許多。

　　由於林道後來有經過整修，去年車輛只能開到17K，如今已經可以直達19K的地方，省去大家不少的時間和體力，但是在車道終點迎接我們的，竟然是毛毛細雨，氣溫比起平地還要低上許多，只要手腳不動，馬上就會被凍得沒有知覺，所以只好不斷地搓手、呵氣或是原地走動，因此實在很難相信，我們要在如此寒冷的山中生活好幾天，一時之間，心情整個都開朗不起來。

　　將裝備搬下車，並且簡單地吃過午餐之後，我們便開始朝著工寮前進，一開始的山路還算平緩好走，只是有些地方因為路基損壞嚴

重而需要繞道，才事隔一年，所以對於當地的環境還有些印象，因此持續深入，心情顯得篤定許多。但是林道經過五段的上切之後，氣溫明顯更低了，因為一路負重跋涉，我們的身上完全都沒有流汗的溼熱感，反而是冷得直打哆嗦。

突然！走在最前面的學長被樹上掉下的白色物體嚇到，一開始還以為是某種植物的花，或是動物的毛，但是觸摸之後才發現，那竟然是雪，天啊！溫度果然低到不行，連樹木的枝葉上都積著雪，但是沒想到山路轉個彎之後，鋪陳在眼前的是更大的雪景，一時之間大家都忘記低溫所帶來的痛苦，心情顯得異常開心，於是紛紛拿起自己的手機和相機來拍照，殊不知那樣的積雪只是小菜而已，因為隨著林道的繼續爬升，原本翠綠的森林變成了銀白的世界，樹上樹下盡被白雪給覆蓋，景色固然美麗，但是我們的心情其實是一點浪漫也沒有，因為下雪讓身體更加挨凍，也讓地面益加濕滑，所以在經過一些危險的路段時，就必須要格外的小心才行，於是心情始終緊繃著，而唯一的好處，大概就是通過原本螞蝗猖狂的森林時，竟然連一隻都沒遇上。

森林裡厚厚的積雪，讓腳步沉重，讓速度變慢，加上在行進間手腳始終處於失去知覺的狀況，因此從 19k 停車的地方到 28k 的工寮，才短短的9K，但是卻感覺十分遙遠，有一種怎麼走也走不到的錯覺。經過 3 個多小時的咬緊牙根，我們才得以在工寮裡卸下裝備，當地原本就十分潮濕，所以當我們抵達時，工寮本身及四周都積滿了雪，像極了愛斯基摩人所住的雪屋，就連外頭的野草的葉片也因為積雪太重而紛紛垂下頭來，形成十分特殊的畫面。

接下來大家各自分工，有的人煮飯，有的人取水，有的人則想辦法升火，但是天氣實在是太冷了，冰冷的木材無論怎麼努力也升不起火來，只能藉由瓦斯爐來幫忙，加上食材和水都太冰了，所以我們花了更長的時間才弄好晚餐，於是在等待用餐的過程中，身體因為沒有持續的活動而開始冷得顫抖，四肢甚至已經凍到發疼，而此時我突然想起電影「聖母峰」裡的情節，當一個人冷到某種程度時，會因為感受寒冷的神經失去功能，只剩下更深層的痛覺和熱覺還有

▲被雪覆蓋的的工寮，連屋前的雜草都彎腰。

所反應，所以在高山很多失溫的人被發現時，身上並沒有穿著厚重的衣物，便是這個道理，一想到這種情景，我便趕緊拿出暖暖包來應急，只是暖暖包似乎也無法抵抗那麼低的溫度，硬的就像冰塊一樣。

工寮的牆面有通風的窗戶，因為沒有封閉起來，所以裡頭的溫度並沒有比外面高多少，因此為了禦寒，我們在工寮內再搭個帳篷。晚餐之後，天色已經完全暗了下來，而此時屋外竟然又下起雪來，還不時有雪花從窗口飄進工寮；第一天晚上，大家是既累又冷，於是喝了幾杯熱茶之後，趁著身體還有些許的溫熱便趕緊躲到睡袋裡，但是天氣實在太冷了，雖然身上已經穿著厚厚的衣褲，但是縮在睡袋裡的身體還是一直發抖，直到晚上 11 點多，正當有點睡意，突然一陣天搖地動，一開始我還以為是自己在作夢，或者是因為身體發抖所產生的錯覺，但是搖晃的時間不短，加上震動的程度也很大，才驚覺可能是地震，幸好早期蓋的工寮十分堅固，沒有發生什麼事情。

完成任務，提前下山

睡袋和厚重的衣物聯手也敵不過工寮裡的低溫，因此大家整夜輾轉難眠，天還沒亮就紛紛起床等著暖和的早餐和熱水，外頭的雪依舊下個不停，而且積雪要比昨天還來得深，加上昨天剛剛遇見積雪時的驚喜已經躲得不知去處，因此大家只希望這場雪不要再下了，好讓我們可以順利完成調查。

吃完早餐，也喝了溫暖的沖泡包，讓身體獲得短暫的溫度之後，早上 7 點，山區的天色還沒完全亮起，但是每個人都已經拿起各自的調查裝備，繼續朝著樣區前進。但是腳底踩著冰、上頭下著雪，才走沒多遠，手腳又開始呈現沒有知覺的狀態，只好握緊拳頭，彷彿是擔心手掌心那一絲絲的溫暖也被溜走，然而腦袋裡想的，盡是家裡溫暖的被窩和母親煮的雞湯。

繼續往上走，不遠處已經可以看到「玉里野生動物保護區」的牌

▲第一次和女友在雪中拍照,是個難忘的回憶。

子,當地有著大面積的台灣杉造林地,只是自從林道中斷之後便沒有得到妥善的維護,因此在沒有疏伐的情況下,那些台灣杉長得太過密集,導致相互競爭之下樹木都沒有長得很好,讓人感到有些可惜。在前往調查的途中,老師跟大家宣布,因為天候的關係,原本五天的行程可以縮短為三天,但是前提是,當天要將四個 25 公尺 X10 公尺的樣區做完,這個宣布無疑就像是雪中送炭一樣,讓每個人開心的表情完全寫在臉上,儘管手腳依舊冰冷無感,但是大家無不顯得躍躍欲試,想要趕快開始進行調查。

　　第一個調查的地點是以紅檜為主的原生林,將劃定樣區所需的皮尺及紅繩固定好之後,我們便分頭工作,包括樹木識別、測量胸高直徑 (DBH) 以及設立掛牌等等,每個人各司其職的進行著,儘管陡峭的山坡因為下雪的關係變得更加難走,樹木也因為被雪覆蓋而難以辨識,種種的因素都增加了調查的困難度,但是一想到明天就能夠下山,就算再冷、再苦也要給它拚下去,沒想到效率相當驚人,

▲積雪覆蓋在樹枝上，增加了識別的難度。

時間還不到中午，我們就已經完成了兩個樣區的調查工作。

第三個樣區則是一處混著紅檜和台灣杉的森林，在沒有受到人為破壞的情況下，該區的台灣杉長得十分高大，就像是直通天際那般的高聳；說到台灣杉，必須要好好的介紹它一下，它可是台灣特有種的樹木，樹高可達 90 公尺，是台灣最高大的喬木，因此魯凱族人稱它為「撞到月亮的樹」，又有人稱台灣杉為「台灣爺」，除此之外，台灣杉更是全世界唯一以台灣作為屬名的植物，說它是台灣之光真的一點都不為過。

在第三樣區裡的每棵樹，高度隨便都超過二、三十公尺，站在樹底下的我們顯得十分渺小，因此不禁讓人仰頭讚嘆，而且有些大樹即使是生長在我們連站都站不穩的峭壁上，它們卻能夠利用強壯的根系來撐住巨大的樹體，並且持續的往上生長，實在厲害得令人印象深刻。而最後一個樣區則是一處台灣杉的人工林，因為是一塊造林地，所以地勢相對平緩許多，因此我們也很快地完成調查，下午

▲一行人在積雪的林道上繼續前進。

▲在雪中進行植群調查的辛苦畫面。

3 點多，我們就完成任務回到了工寮裡。

　　儘管下雪一直沒有停歇，但是為了能夠盡早下山，大家無不卯起勁來工作，一時之間也就忘了天寒地凍這件事，因此回到工寮，為了保持身體的溫度，大家都沒有休息，而是忙著烹煮食物，因為要提早下山，所以多出來的食物相當多，因此為了避免浪費，我們打算要在當晚將全部的食物都給吃進肚子裡，算是一種犒賞吧。

　　也許是因為心情不再沉重擔憂，所以除了有人在工寮裡煮晚餐，也有人到外頭試著要把昨天沒有生起的營火給燃起，甚至是堆雪人、丟雪球，讓工寮的裡裡外外都洋溢著一種歡樂的氣氛，但是氣溫還是很低，水很難煮沸，加上多出許多食物要煮，直到晚上 7 點才全部搞定，然而有趣的是，剛煮好一道菜，準備要煮下一道菜時，上一道菜又已經冷了，因此只好不停地將食物輪流擺上爐子加熱，所以耗費不少時間，不過外頭的營火總算升了起來，但是大量的濃煙卻將整間工寮都給包圍，害得大家的衣物盡是煙燻的味道，但是為

▲苦中作樂,我們在工寮外頭堆了一個小雪人。

了取暖,就算眼睛被嗆的直流眼淚,我們還是寧願圍在營火邊不想離開。

　　第三天一大早,我們將帶來的裝備及物品整理妥當,當然也包括垃圾,隨即便往山下移動,而當時的氣溫,已經沒有前兩天那麼寒冷,積雪也融化了不少,原本乾涸的溪谷也開始有了潺潺流水,彷彿整個山林正慢慢地從冰雪中醒了過來,就如同我們臉上紛紛綻放的輕鬆表情一樣。中午十一點,我們順利地回到林道 19K 停車的地方,這時陽光剛好從雲縫間照進山谷,儘管經過漫長的路程,大家都已經疲累不已,但是比起山上的寒冷,那樣的陽光與溫度都讓人有種幸福的感覺,能夠下山真好。

　　隨即將裝備搬上車,接著車子慢慢地駛離山林,抵達山下有訊號的地方,突然大家的手機紛紛響起,內容都是一些詢問平安的訊息,原來前天晚上的地震竟然不小,而且震央就在花蓮外海,而且還造成不少災情,甚至有多棟建築物倒塌,於是惹得我們趕緊打電話跟

家人報平安。

　　接連 2 年到「玉里野生動物保護區」進行植群調查，第一次因為有人體力不支而半途撤退，第二次卻因遭遇冰雪而提前下山，看似計畫受阻，但是在老師的帶領下，我們還是將任務給完成，儘管過程艱辛，甚至要挨寒受凍，但是能夠與滿山的冰雪相遇，事後回想起來仍然覺得值回票價，甚至畢生難忘，而且更厲害的是，下山之後的幾天，儘管寒流還在，但是我們都不用穿著厚重的衣服，因此看著其他人身上穿得密不透風，不禁覺得有趣。

幸運 感動 嘉明湖

只顧著埋頭奔走，不知道向陽名樹就在上方。

▲與台東熱心的同學，我們在向陽森林遊樂區合影。

幸運與驚喜的第一天

一開始，嘉明湖對於我其實是沒有什麼吸引力的，就算在報章網路上常常看到它的介紹，也都沒有特別去關注，只覺得那應該是一座普通的高山湖泊；然而在一次課堂上，藉由老師的生動介紹，對於嘉明湖我才打從心底徹底改觀，還記得老師跟我們說，他是為了要調查植物而跑到嘉明湖，那裏不但路跡明顯且不容易迷路，生態環境也十分的豐富，更有美麗的高山草原、高山湖泊。於是隨著課堂上生動的投影片不斷的轉換，心裡也莫名的興奮了起來，因此下課後便隨性的問了幾個要好的同學，要不要一起去嘉明湖？沒想到驚奇又難忘的嘉明湖之旅就這樣展開了。

嘉明湖步道全長 13 公里，途中有兩個山屋，但因為嘉明湖步道是十分熱門的一條登山路線，所以要抽中山屋的機率也相對較低；剛開始，我們兩次的申請都沒能抽中山屋，後來只能每天在電腦前面

▲向陽山屋是造訪嘉明湖必經的地點。

祈禱，希望有人因為取消行程而讓我們後補，過了一段時日卻遲遲沒有好消息，於是心情從期待轉為失落，但是沒想到就在快要放棄之時，林務局的網頁上竟然有我們抽到山屋的訊息，一時之間心情興奮不已，幸運女神真是太眷顧我們了。

除了我們班上 4 人，在台東的同學也剛好要到南橫公路去尋找昆蟲，因此經過聯繫，我們可以搭他們的車一起上山，於是就這樣，我們 8 人浩浩蕩蕩的來到了向陽山區。因為之前八八風災的肆虐，造成南橫公路損毀嚴重，一路上盡是柔腸寸斷的景象，儘管途中有工人在比較安全的地方開築新路，但是依然可以看見許多公路就被廢棄在某些峭壁上，因此不難想像當地路況的驚險，而坐落在南橫公路上的向陽森林遊樂區，或許也是因為那樣的原因，顯得冷清許多，只剩下一些熱愛登山的山友才會造訪當地。

抵達了向陽森林遊樂區之後，我們先到警察局報備並繳交入山證，隨即與台東的同學分道揚鑣，上午 11 點，我們揹起裝滿三天食物與

▲途中會經過的黑水塘，形狀酷似台灣。

裝備的大背包，興致高昂的出發了，但是一開始，大約有四十公斤的背包，讓我們在爬坡的路段顯得十分吃力，於是心裡不禁打了個問號？我們真的能夠走到最後嗎？因此一開始那種充滿信心的感覺逐漸消失，取而代之的是擔心和遲疑，幸好同行的夥伴彼此加油打氣，才讓我們順利地抵達登山口。

接著通過一段之字型的產業道路，之後便進入黑森林的山徑，雖然在森林底下有樹蔭遮涼，但是步道都是天然的樹根所形成的階梯，背著那麼重的背包一路往上，真的讓雙腳十分吃力，遇到更陡的坡度甚至走不到 10 步就得休息一次，真是吃足了苦頭，但是年輕氣盛的我們總不能在一開始就投降，所以還是咬緊牙根的撐下去，經過2 個小時的奮戰，我們總算來到了 4.3K 的向陽山屋。

向陽山屋海拔 2880 公尺，那裏最有名的是常常有台灣黑熊出沒，在山屋的旁邊可以看到小心黑熊的告示牌，提醒著山友要注意安全，顯見當地的環境沒有受到太多人為的破壞。我們抵達時，已經有很

▲我們第一天要住宿的嘉明湖避難山屋。

多山友在那裏休息，應該是當晚要住在那裡或是準備要下山的；但是我們四個人還不能鬆懈，因為當晚我們要過夜的地方是嘉明湖山屋，離向陽山屋還有好長一大段距離，若不繼續趕路，可能就要摸黑了，所以我們趕緊將背包裡的麵包拿出來吃，雖然不是甚麼山珍海味，但是因為飢腸轆轆，所以一大袋的麵包馬上就被我們搶食一空。

我們隨即繼續趕路，原本以為離開向陽山屋之後，接下來的行程可以比較輕鬆，但是沒想到事實與想像完全不同，因為從向陽山屋到稜線，短短不到 2 公里的距離卻要爬升大約 450 公尺，跟之前所走過的路況相比較，簡直就是升級版的挑戰，因此每一步都讓人十分煎熬，停下來休息的次數也多得數不清。

隨著海拔的上升，氣溫逐漸降低，我們的體力與耐力也急速地流失，雖然視野逐漸開朗，壯闊的遠山美景讓疲憊的身心得到一些舒緩，但是其實內心是相當煩躁與不耐的。下午 3 點，我們終於抵達

了稜線，但這時，山腳下的雲霧卻飄了上來，霧濃將眼前的視線給遮住，就連步道旁的向陽名樹也消失的無影無蹤，只能看見很有限的距離，加上天色逐漸變暗，讓我們不禁有些擔心，只好加緊腳步，希望能夠盡快抵達嘉明湖山屋。

於是就在濃霧的陪伴下，我們在山風強勁的稜線上走了好久，也翻過幾個小山頭，但是始終不知道山屋到底在哪裡？但是又不敢停下來休息，唯恐一停頓就會到達不了目的地似的；但是我們的堅持還是有了回報，因為就在大家眼神呆滯、雙腳開始不聽使喚之際，在一處山路轉彎之後的平台，我們發現向陽山登山口與嘉明湖的指標，看來我們離嘉明湖山屋已經不遠了，而向陽山雖然也是百岳之一，但是因為天色已晚，我們不敢前去一探，一心一意只想趕緊抵達山屋，終於！在下午5點多，我們總算來到了海拔3380的嘉明湖山屋。

跟山屋的莊主登記報到之後，大家找到自己的床位，並且將裝備卸下來，一時之間，身體整個輕鬆了起來，第一天的行程總算告一段落了，但是真的實在太累，好想直接就躺下來休息，突然！發現許多山友都往外移動，山屋外頭甚至有驚呼聲傳來，因此也吸引我們跟著出去瞧瞧，原來是在稜線上一路阻擾我們的濃霧散開了，夕陽的餘暉還照在附近的山頭上，風景美極了，因此大家紛紛拿出相機來瘋狂拍照，因為機會難得，而山腳下除了有壯觀的雲海之外，甚至還可以看到綠島的燈光，那樣的畫面真的讓人無法用言語來形容，只能說我們是幸運的。

而更幸運的其實還在後頭，因為回到山屋，就在我們準備要晚餐之時，在廚房煮飯的原住民大哥竟然主動的過來關心我們，除了寒暄之外還邀請我們跟他一起吃飯，不好意思拒絕他的熱情，於是在那麼遙遠的地方，我們意外地享用了一頓熱騰騰的晚餐，那樣的際遇真是讓人感動得很想哭呢。

晚餐之後，天色整個暗了下來，這時竟然聽到山友說，有水鹿到山屋旁來覓食，原住民大哥說那隻水鹿叫阿美，是山屋的常客，我們聽完之後馬上拿著手電筒衝到外頭去察看，果然在漆黑的夜色中

▲在步道的遠處,有向陽北峰和三叉山在等著我們。

看見活生生的水鹿,真是令人驚喜,因此第一天造訪嘉明湖,儘管攀登的過程歷盡艱辛,但是幸運與驚喜卻是不斷,那是一種好的開始吧。

如夢似幻嘉明湖

　　雖然前一天身體極度疲憊,但是卻沒有睡好,早早就起床,可能是高山症讓頭痛得厲害,也可能是第一次造訪嘉明湖顯得興奮,要不然就是山屋裡熱鬧非常所致。早上 5 點多,天還沒亮,山屋裡的山友已經紛紛離開了,只剩下我們 4 個人,看著其他同學還在睡夢當中,不忍心把他們叫醒,於是悄悄地鑽出溫暖的睡袋,獨自一個人到山屋附近走走。

　　山安靜著,天空似乎也還沒醒來,只有朝陽從三叉山後方透出些許亮光,不過遠方的綠島卻比起昨天傍晚還來得更加明顯,環顧四

▲雲霧從山腳漸漸湧上來,讓景色變得活潑豐富。

周,那是一種會讓人忘記煩惱的美好畫面。回到山屋,夥伴們也逐一地起床了,而這時,太陽剛好從山縫間冒出頭來,讓眼前的景色驟然光燦耀眼,於是我們就在朝陽的陪伴下吃著早餐,儘管食物簡單只能果腹,但是仍然覺得幸福。

　　早上 7 點,我們開始往嘉明湖前進,一開始的路況,比起昨天上山的路途好走許多,因為步道就開闢在平緩的高山草原上,加上清麗的陽光十分溫柔,讓人走來十分輕鬆,而且離開嘉明湖山屋之後沒多久,壯麗的山景一個接著一個到來,首先是海拔 3467 公尺的向陽北峰,雖然不及向陽山的高度,而且也不在百岳之列,但是仍然顯露出大山的霸氣,相形之下,從它身旁經過的我們則顯得渺小且微不足道。

　　原本平緩的步道在向陽北峰的稜線上開始有了起伏,甚至是一路陡上,讓我們走得相當辛苦,也無疑是前往嘉明湖途中最大的挑戰。不過當我們轉到向陽北峰的側面,隨著視野的大開,整個台灣山脈

▲如夢似幻的嘉明湖，美的讓我們不忍離開。

的屋脊慢慢的呈現在眼前，玉山群峰、雲峰、秀姑巒山、馬柏拉斯山等知名大山就彷彿近在咫尺，而另一邊則可以看見北大武及關山等，就連昨天經過登山口的向陽山也站在不遠處，於是一時之間賞盡各種名山百岳，那幅令人震懾的景象，對於熱愛爬山的我們來說，無疑是一種享受和感動，相信走過這段步道的山友們也應該會停下腳步，佇足欣賞或是拼命拍照吧。

　　繼續前進，爬上向陽北峰的平台之後，可以望見蜿蜒細小的步道，就在眼前一路延伸到三叉山的山頭，而嘉明湖就在三叉山的山頭下方，看起來似乎是快要到了，但是走著走著才發現，事情沒有想像中的那麼簡單，因為向陽北峰過後的道路開始快速的陡下，在短短的幾百公尺之內，海拔高度驟降 200 多公尺，有些地方甚至要用爬的才能安全下降，抵達最低點再抬頭仰望，看著剛剛才走過的陡坡，我們在心裡不禁暗自叫苦，因為待會回程時，那將會是一段極為吃力的地方。

▲渾圓的三叉山山頂全景。

　　幸好，接下的步道大多是緩升坡，讓兩天來飽受折磨的雙腳得到些許的舒緩，於是就這樣，我們慢慢地朝著嘉明湖前進。從山屋離開之後，大約2個小時的路程中，我們沒有遇見任何山友，原本以為是我們來得太早，沒想到接下來，馬上就發現一群山友坐在前方的草原上，是走累了停下來休息吧？但是隨著距離縮短，我們才終於看清楚那些山友到底在做甚麼？因為在那些山友前方的凹谷裡，有著一池湛亮如眼的水潭正映著天光，那就是嘉明湖，那些山友是坐在上方的草原上賞景啦。

　　終於，傳說中如天使眼淚般的嘉明湖就在眼前，當下有種如夢似幻的不真實感受，走了那麼遠的路，我們終於見到嚮往已久的嘉明湖了，心情有種說不出來的激動，沒有親身經歷是無法體會的。我們也跟著那些山友坐在草原上遠望嘉明湖，大家似乎都不敢走下谷底，是擔心會破壞畫面吧，於是湖邊沒有人影，沒有文明的干擾，只有自自然然的風景，美麗極了。加上當時的天空沒有任何白雲，

　　由高處往下望，寶藍色的湖水就像一面鏡子，難怪會有「藍寶石」
或是「天使的眼淚」的美稱。

　　我們就在高處的草原上靜靜地待著，也享受那片刻的悠閒，看著
看著，原本待在一旁的山友慢慢的離開了，整個湖邊只剩我們四人，
因而有種被我們包場的感覺，棒呆了。隨即我們循著草原上被踏出
來的痕跡走近湖畔，當時涼風徐徐，要不是當地有嚇人的傳說，還
真想跳進湖中游泳，用身體去感受嘉明湖的另一種魅力，然而礙於
時間的因素，我們無法在湖畔逗留太久，在繞湖一周並欣賞不同的
湖景之後，只好心不甘情不願地離開，但是在回程的途中，還是忍
不住頻頻回首，直到嘉明湖完全從視野裡消失為止。

　　離開嘉明湖之後是一路的陡上，我們要從海拔 3310 公尺的地方爬
到海拔 3496 公尺的三叉山，因為距離很短，所以爬起來十分累人，
幸好裝備都留在山屋，我們是輕裝上陣，因此儘管氣喘吁吁，然而
還是很快的就登上了三叉山。身為十崇之一的三叉山，在山頂上有

▲回程的步道，光看就讓人在心裡暗自叫苦。

一顆一等三角點，視野極佳，整個中央山脈盡收眼底，比起來時的向陽北峰毫不遜色。十崇是早年山界在定義五岳、三尖等知名山頭之外，所另外選出來的十座百岳名山，皆具有山頂寬闊，坡度和緩的特色。

　　雖然三叉山擁有極佳的視野，但是就在我們抵達之後，山下的雲霧已經開始飄了上來，因此很快的，遠方只剩下零星的幾個山頭還凌駕在雲霧之上，顯現出一種不想輸的霸氣來。山區的天氣變化極快，剛剛在嘉明湖還是萬里無雲的景象，一眨眼就已經是雲霧瀰漫，於是在無景可賞的情況下，我們隨即下山。11點多，我們便回到了嘉明湖山屋，在山屋裡原住民大哥看到我們也覺得訝異，沒想到我們可以那麼快就歸來；其實，我們看似腳程迅速，但是身體早已經疲憊不堪，尤其是肚子更是餓得不得了，因此只想把午餐拿出來填飽肚子，接著歇息片刻，便繼續往向陽山前進。

　　循著步道來到向陽山的登山口，昨天經過時，因為時間不允許、

體力已透支,加上濃霧的阻擋,因此只有路過,但再次經過,無論如何都要前去一探究竟。但是跟三叉山的草原小徑相比,通往向陽山的步道是驚險的,因為側邊便是陡坡,若是摔下去那可不得了,所以我們繃緊神經、小心翼翼地挺進,幸好距離不遠,我們很快的便抵達海拔 3603 公尺,百岳排名第 16 的向陽山山頂,但是周遭雲霧瀰漫,風景時有時無,根本毫無展望可言,但是在造訪嘉明湖的同時,還能夠順利完成第二座百岳的攀登,我們仍然感到相當開心,因此在三角點處合影留念之後便隨即離開。

前一天因為急著趕路加上濃霧因素,使得我們錯過的向陽名樹及向陽大崩壁等景點,在下山的途中我們逐一地造訪,也算是彌補了上山時的遺憾。可能是心情愉悅且輕鬆吧,下山時步伐顯得特別快,下午 4 點多,我們就回到了海拔 2880 公尺的向陽山屋,山屋裡挺熱鬧的,山友們三五成群的聚在一起,互相分享沿途的所見所聞,有的人講的激昂,有的人熱情回應,也有的人一臉疲憊,甚至有的人已經躺在床上休息。吃完簡單的晚餐,我們到山屋外頭走走,意外地看見滿天的星斗,景色美麗又浪漫,要不是當地以台灣黑熊出沒聞名,還真想待在星空下入夢呢;晚上 8 點多,大部分的山友都已經入睡了,我們也悄悄的回到床位上互道晚安,但是想著隔天就要離開,心中滿是不捨。

滿懷感動,平安下山

造訪嘉明湖的第三天,我們沒有什麼時間壓力,當天的目標就是平安下山。起床時,山屋裡又只剩我們四人,其他的山友不是摸黑上山,大概就是早早下山了吧,跟昨天晚上的熱鬧景況比起來,安靜得讓人心生悠閒;早餐時,把剩下的食物統統都解決掉,背包裡只剩下衣物,重量減輕好多,隨即我們在向陽山屋前進行暖身運動,準備要離開。

這時,住在向陽山屋的莊主大哥走過來跟我們聊天,可能是山區孤單的生活使然,讓他一找到對象便聊個不停,包括他如何從台北

▲ 傳說中黑熊的排泄物，被山屋大哥當　　▲ 在登山口附近，長滿許多美麗的毛
　成寶貝珍藏。　　　　　　　　　　　　地黃。

來到向陽山屋的經歷，甚至是上過 MIT 台灣誌的事情都說給我們聽，最後還拿出他收藏的黑熊大便跟鹿角來讓我們觀賞，顯得十分得意，事後看他小心翼翼的把黑熊大便跟鹿角包裝收好，不知情的人恐怕會以為那是甚麼寶物吧。

　在那樣的山區服務，應該是孤單而且危險吧，但是在聊天的過程中，莊主大哥的臉上盡是滿足，突然！山屋的無線電響起，對方說著：「嘉明湖的紅豆湯好了，嘉明湖的紅豆湯好了，份量好像有點多，要來嗎？」哈哈哈，原來是嘉明湖山屋打來的，大哥回答：「好啊！今天天氣不錯，上去走走好了，順便撿點東西下來。」頓時我們心中都充滿疑惑，那段步道我們才剛剛走過，過程相當艱辛，就為了一碗紅豆湯上山？而且是要撿什麼東西下來呢？

　接著只見他一臉正經然後全副武裝，手上還拿著夾子和垃圾袋說他要上山了，一時之間，心中的疑惑終於解開，原來他是要去把步道上山友所丟棄的垃圾給帶下來，喝紅豆湯則是順便啦。頭髮漸白

▲柔腸寸斷的南橫公路，顯得壯觀而且驚險。

的大哥，看上去年紀應該有五、六十了吧，獨自一個人上山還真是讓人擔心，不過離開時，他可能看出我們的擔憂，於是留下一句：「好久沒喝紅豆湯了」，隨即便露出燦爛的笑容離開，那表情似乎是在告訴我們不用擔心，我想也是，他生活在向陽山屋，嘉明湖就像是他家的後花園一樣，只是他那敬業的精神真的讓人十分敬佩。

　　離開了向陽山屋，接下來4.3k的下坡路段，讓我們一路有說有笑，心情跟上山時的沉重全然不同，突然！走在前面的夥伴停下了腳步，並比出了停下的手勢，小聲的叫我們不要動，只見前面的草叢裡有黑影晃動，而且還不小隻，難道會是黑熊嗎？嚇得我們冷汗直流，一句話都不敢說，而且腦袋裡快速地想著，等一下要如何逃跑，於是在身心緊繃的狀況下，不但清楚地聽見自己的心跳聲，而且連山風吹過的聲音都覺得特別清晰。

　　然而就在進退兩難之際，耳邊突然聽見有人喊著：「Nothing here、Nothing here」隨即有一個高大的外國人拿著捕蟲網從草叢裡

▲我們在向陽森林遊樂區正式跟嘉明湖說再見。

蹦了出來，原來不是黑熊，是在抓蟲的人啦，真是讓人哭笑不得，
而那位捕蟲的外國人看到我們似乎很緊張，也對我們笑了笑，表示
歉意吧。於是在接下來的步道上，那位走在前頭的夥伴遂成為我們
嘲笑的對象，不知道是他神經過敏？還是反應過度？總之就是太過
誇張了，而且日後必然會成為我們聊天時的趣談之一。

　　上午 10 點多，我們回到了嘉明湖國家步道的登山口，台東的同學
已經在那裡等我們了，卸下身上的背包，也卸下三天來的辛勞，我
們才依依不捨地驅車離開向陽；回到台東市的住處，第一件事就是
馬上跑到浴室去洗澡，把三天來身上的汙垢徹底洗淨，但是洗不掉
的，是對嘉明湖的深刻印象和懷念吧。下午 5 點多，我們在火車站
與台東的同學分道揚鑣，並搭上返回屏東的自強號，我原本以為會
在火車上睡死過去，但是沒想到精神卻異常的興奮，絲毫沒有半點
睡意，除了不斷回想前往嘉明湖途中的點點滴滴，也開始想念起宿
舍房間裡溫暖的床鋪，當然也期待當天晚餐的大吃大喝。

南湖大山朝聖之旅

在森林中有一段似乎永無止盡的上坡路段。

▲溪床上廢棄的挖土機，似乎在提醒著我們要注意安全。

挑戰的開始

　　南湖大山海拔 3742 公尺，雖然不及玉山和雪山的高度，但是其山勢壯闊，加上四周群峰聳立，在台灣岳界有「帝王之山」「王者之山」的稱號，為中央山脈北段的霸主，與玉山、雪山、秀姑巒山、北大武山合稱為「台灣五岳」，可以說是台灣最具代表性的大山之一，因此對於若干熱愛爬山的山友來說，南湖大山可以說是必定要來朝聖的地方，但是因為前往南湖大山的路途遙遠，除了要揹負重裝，而且還得多天縱走才能抵達，因此讓很多人卻步。

　　民國 105 年的暑假，為了要讓漫長的假期有一個難忘的回憶，和女友討論之後，決定了 4 天 3 夜的南湖大山行，隨後女友的父母親也加入我們的行列，一行四人就此成團。比起玉山、嘉明湖那些讓人搶破頭的熱門山屋，南湖沿線的山屋可以說是相對冷清，上網查詢時，甚至有些日子只有個位數的山友登記，所以很快的就申請到

▲新舊兩條登山路線的交會處,有著清楚的路標。

山屋,隨後我們便開始安排行程、食物以及各種必備的物品,而且隨著前往南湖大山的日子逐漸接近,心情益顯興奮和期待,終於可以踏上中央山脈北段的最高峰,夢幻的南湖圈谷、險惡的五岩峰以及綠草如茵的審馬陣草原,我們來了。

凌晨4點,我們自行開車從桃園出發,抵達宜蘭時天色已經逐漸亮起,車子行駛在蜿蜒的台7線,一邊是雪山山脈,另一邊則是中央山脈,由於太陽已經從山頭冒出來,所以沿途的山景顯得相當清晰,也似乎是在對我們預告未來的幾天都會是好天氣一樣,讓我們信心大增。公路兩邊的山巒隨著我們一路深入而逐漸靠攏,而兩邊山脈最為接近的地方便是思源啞口,也是前往南湖大山的登山口所在地,儘管當地的環境特殊,是台灣非常重要的生態寶地,可惜我們沒有心情仔細觀察,因為崎嶇蜿蜒的山路讓車上的我們暈得昏頭轉向,還沒開始爬山,精神上就已經覺得耗損大半,直到下車之後,在寒涼的山風中踩到踏實的土地,精神才慢慢地恢復過來。早上8

▲上到了稜線後，我們穿越一處迷人的森林山徑。

點，我們 4 個人終於踏上了前往南湖大山的 710 林道，路口立著一個標示牌，上頭寫著 0 Km。

　　進入林道之後沒多久，便可以看見一部巨大的挖土機橫躺在溪床上，機體已經被植物給攀附了，顯得相當狼狽，心想，那部挖土機當初應該是要來整治河道的吧，沒想到卻被溪水給將了一軍以致壯烈成仁，於是那樣的畫面，似乎是在提醒著每一位進入山林的朋友，一定要懂得尊重且愛惜大自然，我們銘記在心了，因此心情也跟著嚴肅起來，不敢輕忽玩笑。然而隨著林道的上升，我們肩上的負擔也越來越重，加上一開始林道兩旁的景象沒有太大的變化，缺乏讓人眼睛一亮的那種風景，而且有些地方的林道崩落，必須高遶才能通過，同時還要隨時注意路旁的咬人貓，因此經過 2 個多鐘頭相當吃力的路程之後，我們總算來到了兩條登山路線的交叉路口。

　　路口有 2 條林道，其一是由勝光前來，而另一條則是我們選擇的路線，近年來隨著 710 林道的老舊，現在的登山客大多會從勝光登

▲當我們抵達新雲稜山莊，其他山友都已開始煮起晚餐。

山口出發；看著標示牌上寫著勝光 2.3K，而思源則是 4.8K，距離相差大約一倍，也難怪思源登山口會被取代。從岔路口開始，路面轉為平緩，走來顯得輕鬆許多，因此距離 2 公里的休息平台，我們花不到半個小時便抵達，而當時已經接近中午，於是我們就在樹蔭底下煮起午餐，同時享受片刻的悠閒，沒想到在用餐的時候，平台上山友越聚越多，看來應該是和我們一樣，都是當天晚上要在新雲稜山莊過夜的朋友，於是彼此寒暄、聊得盡興，一時之間平台上顯得熱鬧非常，就彷彿是菜市場般，喧嚷不已。

吃完午餐，我們繼續趕路，離開了 710 林道，就正式進入南湖大山的勢力範圍，山路也跟著開始陡峭起來，原本以為上午所走的路已算艱難，沒想到只是小菜一碟，因此在接下來的路程中我們只能咬緊牙根持續奮戰，而且走沒多久，山腳下的雲霧也開始飄了上來，使得前方的能見度變得很低，於是眼前在濃霧中依稀可見的山徑就像似一條沒有盡頭的道路，讓心裡不禁有種想要放棄的衝動，幸好

女友的父母親持續給我們加油打氣，才得以通過那段考驗，平安地到達鞍部，才 1.1K 的距離我們竟然走了 1 個多小時，途中的艱難便不難想像。

　　休息了好一陣子，我們才繼續加快腳步，打算要征服南湖大山之行的第一座山頭－多加屯山，雖然沒有列入百岳，但是歷經漫長的路程之後，能夠看到一顆三角點還是讓人覺得開心，可惜山頭上沒有甚麼視野，除了被樹林覆蓋之外，再加上濃霧瀰漫，因此我們只在三角點處拍了幾張照便離開了。離開多加屯山之後，步道兩旁開始出現的巨大的松樹，在濃霧中顯得非常浪漫，透過相機所拍出來的相片也十分迷人，但是事實卻是殘酷的，因為濃霧經過葉片時所凝結成的水珠不斷滴落，從下方經過的我們，就宛如是穿過一陣滂沱大雨，而且腳下的泥巴也讓雨鞋的重量不斷增加，走起路來格外的辛苦。

　　也因為那場如雨一般的遭遇，加上海拔的不斷升高，只要我們一停下腳步來休息，身體就會立即感受到山區的寒氣逼人，因此只好藉由不斷的行走，讓身體保持溫度，但是隨著體力的逐漸流失，新雲稜山莊卻還在雲霧當中，遙遠得不知何時才能到達，因此讓人感到十分沮喪，於是在濕冷的森林裡走了兩個多小時，才總算到了木杆鞍部，而且看到當地的指示牌上寫著，距離新雲稜山莊只剩下 0.6K，讓我心中暗自鬆了好大一口氣。當地除了可以通往新雲稜山莊，木杆鞍部旁還有另一條通往中央尖山的山徑，也是北一段的必經之路，可是我們的行程並沒有要去中央尖山，所以只能期待下次再去挑戰它了。

　　最後的 600 公尺，雖然知道已經快要到山莊了，但是我們仍然無法輕鬆，因為迎面而來的是直上的陡坡，走了一整天的山路，雙腳已經快要不聽使喚了，沒想到最後一段竟然還是如此折磨人。幸好從山莊那邊不斷的有誘人的食物香氣傳來，甚至山友們的交談喧嘩也變成了一種加油聲，激勵著我們堅持下去，讓我們在天色昏暗之際總算抵達了 11.7K 的新雲稜山莊。

▲終於看見南湖大山和中央尖山，那是新台幣兩千元的背景。

　　進入山莊之後，我們首先卸下沉重的登山背包，頓時！身體一下子輕鬆了起來，心裡頭也滿是歡喜，似乎完全忘了當天的辛苦，也忘了後頭還有三天的挑戰，真是健忘得無可救藥啊。雖然是夏天，但是山上的溫度頗低，因此吃過晚餐之後，我們馬上就鑽進溫暖的睡袋，然後慢慢地回想今天的過程，實在很難想像，我竟然可以順利平安地抵達山屋，自己都覺得意外，而想著想著，山屋裡逐漸安靜下來，看來大家應該都累了，因此晚上九點不到，山屋裡只剩下蟲鳴聲和鼻鼾聲。

南湖仙境，順利登頂

　　爬過山的人應該都知道，想要在山裡好好的睡上一覺，幾乎是不可能的事，不是趁著天色未亮要早早摸黑趕路，就是要在寒冷的清晨裡離開溫暖的睡袋，甚至還得自己準備食物、燒煮開水，在新雲

▲本書作者與女友及其父母親在南湖大山三角點合影。

稜山莊的隔天，我們就是這樣開始新的一天。一大早，太陽公公還沒出來，我們就已經坐在山屋外的椅子上，喝著剛剛煮好的沖泡包，但是寒風強勁、冷冽難耐，頓時讓人有種想要打包下山的感覺，然而看著其他的山友魚貫地從我們眼前經過，年輕氣盛的我們怎麼可以認輸呢？儘管昨天的疲勞尚未消失，但是想到再過不久就可以看到傳說中的南湖大山，心裡還是顯得有些興奮，於是早上7點，我們離開了新雲稜山莊，往南湖大山的方向前進。

　　路況一開始是輕鬆的，沒有險峻的上坡，反而是平緩的下坡，我們還因此感到開心，甚至希望一整天的路況都可以如此，只是越走心裡越覺得害怕，因為新雲稜山莊的海拔不過2590公尺，但南湖大山的海拔是3742公尺，兩者之間相差了一千多公尺，怎麼可能會是一路的下坡呢？果不其然，下切到溪谷之後，擺在眼前的竟是一段接近60度的陡坡，天啊！真是先甘後苦啊。但是我們沒有退路，只能硬著頭皮慢慢的走上去；由於山坡陡峭加上路途漫長，不斷地消

磨著我們的鬥志，因此每一步盡是沉重啊，加上背包的重量讓膝蓋及肩膀大感吃不消，因此只好壓低身體，就像蝸牛一樣慢慢地往上爬，而這時竟然有山鳥在一旁鳴叫，那刺耳的叫聲就彷佛是在嘲笑一般，是嘲笑我們的自討苦吃吧。

爬上那處陡坡之後，沿途巨大的喬木逐漸減少，取而代之的是低矮的高山灌木，像是南湖杜鵑、玉山石竹等等，於是使得四周的視線逐漸開闊，加上陽光的輝映，眼前出現了令人震懾的景色，除了一旁的聖稜線、合歡群峰及奇萊北峰等名山之外，聳立在正前方的南湖大山更是氣勢非凡，相形之下周圍超過 3000 公尺的高山明顯遜色許多，被稱為「帝王之山」果真名不虛傳，而與南湖大山相互呼應的，則是有「寶島第一尖」之稱的中央尖山，也同樣擁有王者的氣勢，雖然高度不如南湖大山，但是直插雲際的山勢還是讓人印象深刻，也難怪新台幣 2000 元上的圖案，會取用當地的壯麗景色。

雖然看到了傳說中的南湖大山，心裡既激動又滿足，也多了繼續走下去的動力，但是離南湖大山其實還有好長的一段距離，我們不能鬆懈，因此繼續朝著南湖大山的方向前進。走著走著，我們來到了審馬陣山的登山口，那是行程中的第一座百岳，海拔 3141 公尺，百岳排名第 83，從登山口到三角點只需 5 分鐘就能抵達，因此我們把重裝卸下，打算以一身的輕裝地去征服審馬陣山，果然沒有費太多力氣，我們就輕輕鬆鬆地抵達三角點，但是擔心之後會摸黑抵達南湖山莊，在山頭上休息片刻之後便趕緊回到登山口，然後揹起沉重的背包繼續前進。

從審馬陣山下來，便進入了審馬陣草原，一望無際的平坦草原讓人好想在那裏睡上一覺，可惜時間已經接近中午，山底下的雲霧也正在蓄勢待發的朝著我們移動，因此連逗留都不行，幸好那段山路平坦好走，沒多久我們便來到了南湖北山的岔路口，當時已經有許多山友在那裏午餐，早已飢餓不堪的我們也停下來填飽肚子，順便更近距離地欣賞南湖大山的壯麗景色。午餐之後，我們同樣以輕裝的方式去攀登南湖北山，當地海拔 3536 公尺，在山頭上有一顆刻著蘭陽溪源頭的石碑，據說天氣好的時候，可以看見的蘭陽溪穿梭在

▲需要小心通過的五岩峰，是途中的一大考驗。

蘭陽平原的身影，可惜山腳下雲霧籠罩著，就連南湖大山也不時被雲霧給遮蔽，能見度不佳，所以拍完照，我們便趕緊回到岔路口，繼續往南湖大山前進。

　　沒有很遠的距離，我們進入了五岩峰的勢力範圍，五岩峰顧名思義是由五座山頭所組成，遠看就像是保護南湖圈谷的衛兵一樣，極度險惡的地形往往會讓來到當地的山友卻步，是前往南湖大山途中最大的障礙。當地除了有接近垂直的山壁，一旁更有深不見底的深谷，要通過的山友們只能依靠著插在早已風化的岩壁上的鐵杆，運氣不好的話，更有可能一腳踩空而跌落谷底，因此五岩峰的惡名昭彰我們早已銘記在心，所以在狹窄的山路上，每一步都走得小心翼翼，但是途中不斷掉落的碎石，加上重壓在身上的背包，讓我們走在五岩峰上有如玩命一般，驚險萬分。而且說好的五個山頭似乎也不是如此，因為總以為自己翻越了最後一座山頭，但是卻還是看見其他的山友在另一座山頭奮戰，真是令人無語問蒼天啊，所以五岩峰，用「無言峰」來形容還覺得比較貼切。

　　經過1個多小時的戒慎恐懼，我們總算來到了南湖北峰下方的小平台，南湖北峰與之前的南湖北山是不同的山頭，但是常常有人搞混。不過抵達當地的山友大多會鬆一口氣，因為已經脫離了五岩峰的可怕範圍，然而回首遙望我們剛剛經過的山路，緊張的情緒還是久久無法平復。從小平台到北峰峰頂只要1分鐘就可以抵達，因此我們當然要去拍幾張照，才心滿意足地繼續朝著南湖山莊前進。雖然在小平台上就可以看見山莊以及整個南湖圈谷的面貌，但是前方的山路卻讓人感到吃驚，因為那是一段直達圈谷的碎石坡，距離長達1公里，而且坡度相當的陡，若不是有繩子繫綁在碎石坡上，還真讓人難以想像，那會是一條真的山路？於是我們也只好再一次小心翼翼地滑下圈谷，雖然山莊就在眼前，但是卻因為傾斜難行，讓人有一種怎麼走也走不到的錯覺，加上走了2天的山路，膝蓋格外的疼痛，令人有種想要直接滾下山的衝動。

　　終於抵達了南湖山莊，身體的疲憊總算可以在那裏獲得暫時的釋放，甚至要立刻入睡也沒有問題；當時的時間是下午3點，為了不

▲南湖東峰的碎石坡,讓人看了腳底發毛。

浪費時間,與女友的父母親討論之後,我們決定趁著太陽還沒下山,再去攻頂南湖大山,來回的路程大約是 2 小時,儘管當時好想躺下來休息,但是為了明天能夠順便去造訪傳說中的陶賽峰,我們只好繼續打起精神來。從山莊到南湖大山,地勢算是平緩好走,加上輕裝,因此步伐加快很多,只是在即將抵達三角點的路上多是巨大的岩石,必須小心攀爬,因此儘管身體累得不想說話,但是抵達南湖大山時還是忍不住振臂大喊,海拔 3742 公尺,中央山脈北段的霸主,經歷了兩天的辛苦總算順利攻頂,因此站在南湖大山的山頂上,心裡滿是感動,那是一種言語無法形容的心情,只有親身去經歷才能體會。

　　佇立在山頭上,望著周圍的南湖群峰近在眼前,一時之間讓人有種帝王般的驕傲與得意,說那裡是仙境應該也沒有人會反對吧,於是我們在那裏逗留一會兒,除了拍照也賞景,直到夕陽穿過雲層照進南湖圈谷,我們才依依不捨地準備離開,道別了山頂上的一等三

▲南湖山屋就近在眼前，但是眼前的碎石坡卻讓人卻步。

▲感覺隨時會掉落谷底的南湖東峰的山頂名牌。

角點,我們趁著夜色尚未來臨前再次回到南湖山莊,其過程就有如作夢一般,有一種不真實的歡然。因此晚餐之後,儘管圈谷上方的夜空星光熠熠,但是身體早已累得不聽使喚,只想立即鑽進睡袋裡,於是希望在夢裡,還能夠回到宛如仙境的南湖大山。

意外的旅程

第三天的凌晨 4 點,山莊外頭的溫度只剩下 5 度,但是我們仍然要打起精神來,因為我們要和一位太魯閣國家公園管理處的志工前往陶賽峰,其實在第一天進山,我們就已經和那位志工相遇了,他不但為人熱心,而且對於當地的環境也相當熟悉,因此在閒聊當中,他表示陶賽峰是他在南湖大山周遭唯一還沒有去過的地方,還問我們想不想跟他一起去探訪,由於那是多出來的行程,女友的父母親怕會太累,所以決定睡晚一點,因此陶賽峰之行就只有我和女友及志工三人,只是氣溫寒冷,又要摸黑前進,加上志工表示,從南湖山屋到陶賽峰,來回要 6 個小時,瞬間讓我們萌生退意,但是答應人家的事總不能臨時反悔,只好硬著頭皮出發。

出發沒多久,朝陽的光線已經慢慢的照進南湖圈谷,因此視線也逐漸開闊起來,從每個角度張望,南湖圈谷的景色都美不勝收、令人著迷,難怪山友們會稱呼當地為仙境。然而看著遠方的鞍部,上頭已經有山友在那裏休息了,看來他們比我們還更早出門呢,於是一時之間也激起我們的鬥志,開始加足馬力前進。

首先,我們抵達前往南湖東峰的叉路口,從那裏開始,道路變得相當的危險,其寬度只能夠容一人通行,加上左邊是南湖東峰的碎石岩壁,而右側則是一落千丈的溪谷,一不留神就有可能發生意外,因此我們必須小心翼翼地往上爬;不過隨著海拔高度的慢慢上升,周圍的高山也跟著紛紛地探出頭來,一早空氣清新、視線良好,昨天爬過的南湖大山以及一旁的中央尖山、聖稜線、玉山,甚至是先前爬過的許多名山都可以看得到,因此真想停下腳步來好好的欣賞風景,但是腳底下的碎石坡驚險萬分,沒辦法讓我們久留,只好等

▲同行的志工大哥，不怕高的爬上南湖東峰拍照。

▲早已蹦出山頭的朝陽，讓眼前的風景美得令人沉醉。

到南湖東峰的山頂再來好好欣賞。

　　從山莊出發，經過一個小時的時間，我們抵達了海拔 3632 公尺的南湖東峰，有趣的是，當地的山頭是斜的，所以立在上方的標示牌也跟著地勢而呈現傾斜的姿勢，讓人在拍照時不太敢去觸摸，深怕一個不小心就會把它給推落谷底。據說，南湖東峰是當地欣賞日出的絕佳地點，儘管我們沒能趕上那樣的美景，但是還好，太陽才剛剛從山頭蹦出來不久，景色還是美得令人沉醉，因此我們三人顯得很有默契，都靜靜地望著眼前被陽光所照映的山景，當下連說話都覺得多餘。

　　而且令人驚奇的是，對面的聖稜線因為有了陽光的照射，竟然呈現出一片金黃，在周遭以灰褐及暗綠色澤為主的風景中顯得相當醒目，那是只有在夢境裡才會出現的場景吧，沒想到竟然會在眼前真實上演，因此在腦海中留下極為深刻的印象；另外，還可以看見南湖大山的山頭上已經有早起登頂的山友，我們朝向他們揮了揮手，

但是可能是距離太遠了,對方並沒有回應,要不然就是跟我們一樣,也沉浸在絕美的風景和興奮的心情裡。

離開南湖東峰之後,我們繼續前往陶塞峰,但是接下來的路況益加險峻,破碎的地形更是一路延伸,所以相較之下,南湖東峰的碎石坡還算是小兒科呢,因為往後的途中,我們不但要擔心腳底下踩的岩片是否穩固,起伏不定的地形甚至要手腳並用才能通過,儘管懸崖邊長著許多刺柏,如果不小心滑倒也不會直接掉落山谷,但是那硬又刺的葉子讓人不敢恭維,不小心摸到還會痛得哇哇大叫呢。

志工大哥經驗老到,走得飛快,我和女友只好在後面苦苦追趕,途中,我們在一片冷杉林裡穿梭了好久,而且就在即將離開森林時,眼前突然一片光明,而且還有一座高 20 餘公尺的垂直石柱豎立在山頂,原來是陶塞峰到了。先前曾經從相片中去感受過它的險峻,但是沒想到親眼目睹,氣勢竟是如此磅礴,因此心中盡是激動與讚嘆,於是我們在山峰底下拍照,用我們的渺小來凸顯陶賽峰的壯觀,其實那一柱擎天的巨大石柱,是經過漫長歲月與風雨的侵蝕之後,才形成如今巍然崢嶸的模樣,因此曾經有人對它如此評價:「走過高山勝景,看過不少奇岩怪石,然一旦站在陶塞峰下仰望時,仍然震懾不已而心醉神馳。」可見其魅力驚人。

接著,我們要繼續攀上陶塞峰的山頭,但是若要登頂,就必須從它的側邊繞過,再從它的另一面往上爬,但是側邊的岩石風化的相當嚴重,甚至還有比人還要高的煙囪地形需要克服,所謂煙囪地形,顧名思義就是像煙囪一樣狹長且半開放的地形,需要利用兩旁的岩壁支撐才能夠往上爬,幸好我們沒有揹負重裝,手腳並用蹬一下就安全的度過。接著繞到陶塞峰另一側的岩壁底端,從那裡開始,眼前是一面接近 45 度的光滑岩壁直上峰頂,光看那景象就讓人心底涼了一半,加上所穿的雨鞋有鞋釘,幾乎是每走兩步就會滑一步,真是寸步難行啊。但是眼看志工大哥已消失在前方,我們當然也不能退縮,只好在那片岩壁上繼續奮戰,30 分鐘之後才狼狽不堪的抵達峰頂,雖然上頭的風景相當漂亮,但是回首那段光滑的岩壁,實在不敢相信自己竟然可以順利登頂。

▲歷盡千辛萬苦，我們總算抵達陶賽峰。

▲我們住宿的南湖山屋,有著許多溫暖和美好的回憶。

　　由於時間不早,我們沒有在峰頂逗留太久,所以依依不捨的循著來時的山路往回走,抵達南湖山莊時剛好 11 點,於是趕緊將背包裡的食物拿出來止飢,順便到山屋旁承裝南湖溪源頭的水泉,相傳當地的水質清涼甘醇,有如甘露仙泉一般,果然名不虛傳,因此背包儘管已經不輕,但是我還是忍不住多裝了幾罐要帶下山。雖然正中午氣溫偏高,但是若再耽擱,途中可能就要摸黑,所以我們略作休息之後就出發,而同行的志工大哥仍不改熱心的本性,說要先清理一下南湖山屋,隨後自會跟上我們。

一樣風景,兩樣心情

　　朝著新雲稜山莊前進,儘管當天中午南湖圈谷的上方沒有任何雲霧遮蔽,視野極佳,但是陽光卻亮得不像話,將一旁光滑的岩石照得無比刺眼,使得我們的眼睛都張不開,但是前方的碎石坡卻綿延至天邊,我們根本就沒有其他的選擇,因此只能看著腳底下自己的

▲南湖圈谷裡看不到盡頭的碎石坡。

影子，然後一步一步的往上爬。那段碎石坡，就算只是輕裝上陣都會覺得吃力，更何況身上還多了一個大背包，因此走起路來十分艱難，以致每走幾步路就需要休息一下，累的連對方的喘息聲都可以聽得一清二楚，於是一時之間，覺得坡道好遙遠，時間過得好慢，雖然覺得自己已經爬了許久，但是回頭一看，南湖山莊仍然近在咫尺，於是當下有種無語問蒼天的感覺，真是苦啊，因此我們花了一個小時的時間，才總算爬上碎石坡的頂端，正式跟南湖圈谷告別，然而擺在前方的，是更加艱困的挑戰－五岩峰。

山上的天氣變化極快，即將要進入五岩峰的範圍時，已經有一些雲霧湧上山頭，使得眼前的畫面有種水墨畫般的意境，但是我們沒有心情欣賞，因為和來時的上坡比起來，回程的下坡是更加危險，因為上坡時還可以看見自己下一步要踩踏的路面，但是下坡時，卻常常不知道該如何踏出下一步，只好伸長自己的雙腳去找到立足點，深怕一失足就成千古恨，所以很多地方都必須手腳並用才能平安通

▲在南湖圈谷的每分每秒，都讓人有著不同的感受。

過，因此再一次經過五岩峰，當下讓我覺得自己經歷了生死關頭，而且在心裡嘀咕著：「大概只有神經病才會來這種地方自討苦吃吧。」但是事後回想起來，若是少了五岩峰的試煉就能抵達南湖圈谷，那麼豈不是人人都可以前去觀光，當地的環境也勢必會受到嚴厲的挑戰，相信那絕不是山友們所樂見的，因此試煉就試煉吧。

　　好不容易脫離了五岩峰的魔掌，但是距離新雲稜山莊還有好長的一段路要走，不過接下來的路程已經明顯安全許多，因此讓我們的身心不再那麼緊繃，所以在綠草如茵、山風舒涼的審馬陣草原，我們決定要好好地休息一下，於是找了一塊可以歇息的石頭坐下來，並拿出背包裡的零食以及剛剛從南湖溪源頭取來的泉水，慢慢地品嚐飲用，而那一刻間，整個世界彷彿只剩下我們兩人，於是在風吹草搖的審馬陣草原，我們獨享了當地的一切美好，但是突然間，遠處的雲霧裡傳來陣陣的響雷，瞬間又把我們拉回殘酷的現實中，然而可能是休息了太久，再度揹起背包的剎那，身體的疲憊似乎是加

▲綠草如茵的審馬陣草原，景色壯闊迷人。

倍奉還，而且原本好好的腳底，竟然也起了水泡而感到疼痛，真是一樣的風景卻讓人有著兩樣的心情。

趁著雲霧還沒飄上來，我們加緊腳步往山下移動，在準備要離開審馬陣草原的同時，我們還特地轉身跟南湖大山說聲再見，隨即進入了以鐵杉為主的森林之中，當地除了鐵杉還有雲杉，高大挺拔的樹木顯得濃密，而且阻擋陽光的侵入，因此有「黑森林」的稱號，而且聽說裡頭還住著一些鬼怪，所以行經當地，內心不禁有些緊張，於是腳步不自覺地越走越快，心裡只想趕快抵達山屋，因此在極陡的下坡快速行走，膝蓋即使有護膝的保護，但是仍然開始疼痛，加上腳底水泡的惡化，讓那一段路走得十分煎熬，直到下午 5 點多，我們才如釋重負地抵達新雲稜山莊，

過沒多久走，那位帶我們去造訪陶賽峰的志工也出現在山屋裡，讓我們十分驚訝，他整整比我們晚兩小時才出發，竟然可以跟我們幾乎同時到達，顯見我們的登山功力還有待加強啊；找到我們，只

▲在登山的過程中,女友和心愛的青蛙布偶一直陪伴著我。

　　見他一臉怡悅地從大背包裡拿出一瓶紅酒,說要和我們分享,我心裡想,怎麼不在南湖山莊就拿出來喝,還要那麼辛苦地揹下來呢?他偷偷地告訴我們,在下山的途中因為尿急,所以跑到山路旁方便,沒想到就在草叢裡發現那瓶紅酒,我們聽了之後都覺得哭笑不得,真是既誇張又有趣的際遇啊。

　　雖然在新雲稜山莊幸運地喝到紅酒,但是卻也讓人有所感觸,那就是山友們在爬山之前應該都要考量自己的能耐,將背不動的東西任意丟棄在山林裡,那是對大自然的一種傷害,不是愛山人士應有的行為。隨著天色漸暗,山莊周圍開始瀰漫著食物的香味,讓人飢腸轆轆,但是用完晚餐之後,身心仍然覺得疲憊,因為多了陶賽峰的行程,讓體力早已透支,因此只想趕快上床躺平,儘管山屋裡喧嚷熱鬧著,但是我完全不受影響,一躺下就昏睡過去。

▲在下山的途中，南湖大山的諸多美景一直讓人再三回味。

隨遇而安，自信滿足

　　造訪南湖大山的第四天，為了要趕在中午之前下山，天還沒亮我們便朝著登山口前進，於是只能靠著頭燈微弱的光線，在潮濕的環境中小心前進，雖然沒有下雨，但是我們仍然穿上雨衣，以免被路旁的野草或是樹上的露水給淋溼，還記得第一天上山時，我們就曾經在松樹林裡吃過苦頭，所以算是不經一事不長一智吧。

　　不過隨著行程即將結束，心情明顯放鬆許多，而且隨著海拔高度逐漸下降，身上的厚重衣物也開始逐件脫下，加上背包的重量減輕不少，因此身體顯得靈活，但是奇怪的是，天亮之後，我們發現途中有些地方的畫面，竟然一點印象也沒有，看來第一天的匆忙趕路，讓我們錯失了許多的風景呢。

　　下了稜線，我們回到了 710 林道，而這時，陸陸續續遇到一些登山團體也準備要上山，至於和我們同行下山的山友相當熱心，建議

▲在多加屯山一旁的山屋,是個緊急避難的場所。

我們可以從勝光登山口離開,節省一些時間和體力,而且對方願意先載女友的父親到思源埡口去開車回來載我們,因此在最後一段的回程中,因為山友的熱情,讓我們得以瀏覽完全不同的風景,也算是一種額外的收穫。

朝著勝光登山口前進,首先會先抵達海拔 2285 公尺的勝光山,接著便是一路陡下的林道直達大馬路,不走還好,實際走過之後才發現,光是下坡就讓膝蓋疼痛不已,如果第一天我們全副武裝時選擇那條林道,還沒走到林道終點,恐怕就已經耗掉大半的體力,因此很多事情似乎在冥冥之中早有安排,不須過於在意,只要隨遇而安即可。

接著通過一座森林之後,隨即映入眼簾的是一大片茶園,當時還有些茶農正在裡頭工作,我們揹著大背包經過時,自己感到突兀而覺得有點不好意思,但是對方看起來也沒有要理我們的意思,應該是習以為常了吧。繼續往前,前方已經可以聽見車輛經過的聲音,

▲回到了710林道上，心裡總想著有一天還要再來南湖大山。

看來勝光登山口已經不遠了。與思源埡口的舊登山口相比較，勝光登山口明顯熱鬧許多，路旁的登山步條也綁得密密麻麻，形成一幅特殊的景觀，看得出來，前來南湖大山朝聖的登山團體依然絡繹不絕。

在勝光登山口等了一會兒，女友的父親終於開著他的廂型車回來，將裝備搬上車之後，我們便循著省道台7線前往宜蘭。隔著車窗，我們望見蘭陽溪在一旁蜿蜒著，讓我不禁想起不久之前，自己才從蘭陽溪的源頭離開，甚至背包裡還有幾瓶蘭陽溪源頭的泉水，那是多麼的難得而且夢幻的際遇啊。

回到了宜蘭市區，我們在那裏享用午餐，可能是太久沒有洗澡了吧，頭髮亂七八糟，加上衣褲泥濘骯髒，因此引起餐館裡一些人的側目與關注，儘管讓我們有些不自在，但是心裡那份喜悅與驕傲，卻不由自主地浮現在臉上，那是南湖大山給我們的自信與滿足。

▲本書作者，在山水之間尋山探水的畫面。

青春在山水之間精彩

作　　　者：潘明宏
美　　　編：林小龍
封 面 設 計：林小龍
執 行 編 輯：楊容容
出　版　者：博客思出版事業網
發　　　行：博客思出版事業網
地　　　址：臺北市中正區重慶南路1段121號8樓14
電　　　話：（02）2331-1675或（02）2331-1691
傳　　　真：（02）2382-6225
E—M A I L：books5w@gmail.com、books5w@yahoo.com.tw
網 路 書 店：http://bookstv.com.tw/
　　　　　　http://store.pchome.com.tw/yesbooks/
　　　　　　博客來網路書店、博客思網路書店、
　　　　　　三民書局、金石堂書店
總 經 銷：聯合發行股份有限公司
電　　　話：（02）2917-8022　傳真：（02）2915-7212
劃 撥 戶 名：蘭臺出版社 帳號：18995335
香 港 代 理：香港聯合零售有限公司
地　　　址：香港新界大蒲汀麗路36號中華商務印刷大樓
　　　　　　C&C Building, #36, Ting Lai Road, Tai Po, New Territories, HK
電　　　話：（852）2150-2100　傳真：（852）2356-0735
經　銷　商：廈門外圖集團有限公司
地　　　址：廈門市湖里區悅華路8號4樓
電　　　話：86-592-2230177
傳　　　真：86-592-5365089
出 版 日 期：2018年5月 初版
定　　　價：新臺幣360元整（平裝）
I S B N：978-986-96385-2-4(平裝)

國家圖書館出版品預行編目資料

青春在山水之間精彩 / 潘明宏 著
--初版--
臺北市：博客思出版事業網：2018.05
ISBN：978-986-96385-2-4(平裝)

1.臺灣遊記 2.旅遊文學
733.69　　　　　　　　　　　107007807